라즈베리파이 5와 파이썬으로 실생활에 활용할 수 있는 40개 작품 만들기

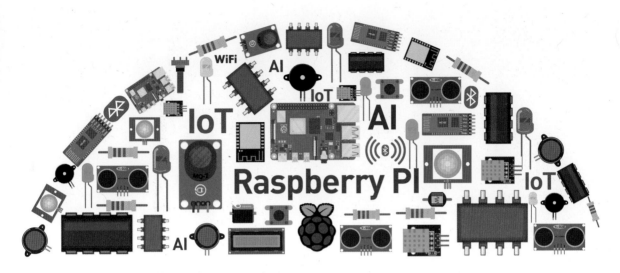

만들면서 배우는

라즈베리파이 5와 40개의 작품들

쉬운 작품부터 사물인터넷(IoT)과 인공지능(AI) 작품 만들기까지

:: 재미있고 실생활에서 활용할 수 있는 작품들로 구성

:: 12개 쉬운 작품, 18개 사물인터넷(IoT) 작품, 10개 인공지능(AI) 작품을 단계별로 구성

:: 40개 작품 만들기를 통해 라즈베리파이 5와 파이썬 언어를 자연스럽게 배우기

만들면서 배우는

라즈베리파이 5와 40개의 작품들 최신 개정판

쉬운 작품부터 사물인터넷(IoT)과 인공지능(AI) 작품 만들기까지

초판 1쇄 발행 | 2024년 03월 25일

지은이 | 장문철, 다두이노
펴낸이 | 김병성
펴낸곳 | 앤써북

출판사 등록번호 | 제 382-2012-0007 호
주소 | 파주시 탄현면 방촌로 548
전화 | 070-8877-4177
FAX | 031-942-9852
도서문의 | 앤써북 http://answerbook.co.kr

ISBN | 979-11-93059-22-7 13000

[안내]
• 이 책은 다양한 전자 부품을 활용하여 예제를 실습할 수 있습니다. 단, 전자 부품을 잘못 사용할 경우 파손 외 2차적인 피해가 발생할 수 있으니, 실습 시 반드시 책에서 표시된 내용을 준수하여 사용해야 함을 고지합니다.
• 이 책에 내용을 기반으로 실습 및 운용 결과에 대해 저자, 소프트웨어 개발자 및 제공자, 앤써북 출판사, 서비스 제공자는 일체의 책임지지 않음을 안내드립니다.
• 이 책에 소개된 회사명, 제품명은 각 회사의 등록 상표 또는 상표이며 본문 중 TM, ©, ® 마크 등을 생략하였습니다.
• 이 책은 소프트웨어, 플랫폼, 서비스 등은 집필 당시 신 버전으로 설명하였습니다. 단, 독자의 학습 시점에 따라 책의 내용과 일부 다를 수 있습니다.

※ 이 책은 라즈베리파이와 40개의 작품들 최신 개정판입니다.

Preface

머리말

"라즈베리파이 5와 40개의 작품들" 책은 라즈베리파이 4 기반으로 집필한 "라즈베리파이와 40개의 작품들"의 개정판으로 40개의 작품들을 만들어 보면서 라즈베리파이 5와 파이썬 언어를 배울 수 있도록 구성되어 있습니다.

책의 구성은 40개의 작품들을 따라서 만들다보면 어느새 라즈베리파이와 파이썬을 이용한 작품을 만드는 것에 자신감이 생길 수 있도록 구성하였습니다. 작품을 만들면서 배워가는 책이기 때문에 코드하나하나 너무 상세하게 해석하거나 설명하지 않았습니다. 코드의 설명이 길어지다 보면 작품을 만드는 것에 벗어나 혼동될 수 있기 때문에 작품을 만드는 것에 중점을 두었습니다.

최대한 재미있고 실생활에도 활용할 수 있는 작품들로 구성하였습니다. 라즈베리파이와 40개의 작품들 책을 보면서 공부한다는 것 보다는 재미있는 작품을 하나씩 만들어본다는 가벼운 마음으로 접근했으면 좋겠습니다.

이 책은 3개의 큰 챕터로 나누었습니다.
첫 번째는 12가지의 기초 작품을 만들어 보면서 라즈베리파이를 사용하는 방법과 파이썬 언어에 친숙할 수 있도록 난이도가 높지 않은 작품으로 구성하였습니다.
간단한 회로와 코드를 작성하여 12가지의 작품을 만들다보면 라즈베리파이와 파이썬 언어에 익숙해 질수 있도록 하였습니다.

두 번째는 18개의 응용작품을 만들어보면서 라즈베리파이에서 재미있게 할 수 있는 다양한 프로젝트로 구성하였습니다.
카메라, 마이크, 스피커, 사물인터넷 등을 사용한 작품들로 구성하였습니다. 라즈베리파이의 다양한 고급기능들을 이용하여 프로젝트를 만들다보면 부쩍 실력이 늘 수 있도록 구성하였습니다.
세 번째는 카메라 및 음성을 활용하여 10개의 인공지능 작품을 만들어 볼 수 있도록 하였습니다. 음성인식을 활용하여 인공지능 스피커를 만들어보고 카메라를 활용하여 물체를 감지하고 다양한 재미있는 작품들로 구성되어 있어 40개의 작품을 모두 완성하면 어느덧 라즈베리파이로 작품을 만드는 것에 자신감이 생기도록 하였습니다.

인공지능 챕터는 필자의 딸아이 사진으로 얼굴인식, 나이인식 등을 재미있게 구성하였습니다. 딸아이 사진으로 몇몇 작품을 구성하여 귀엽게 봐주셨으면 합니다.

마지막으로 아내와 딸아이에게 "오래오래 우리가족 행복하게 살자"라고 전하고 싶습니다.

2024년 03월
저자 **장문철**

Download Book Source and Q&A

책 소스 다운로드 및 Q&A

이 책의 실습에 필요한 책 소스 파일과 긴급 공지 사항 및 정오표와 같은 안내 사항은 앤써북 공식 카페의 책 전용 게시판을 이용하시면 됩니다.

[책 소스 다운로드 & 정오표]

이 책의 실습에 필요한 소스 파일은 앤써북 공식 네이버 카페 좌측 중간 위치의 [라즈베리파이 5와 40개의 작품들] 게시판을 클릭하고 "책 소스 및 Q&A 방법" 공지글 속의 [첨부파일 모아보기]–[내 PC 저장]을 클릭하여 저장합니다. 또는 책소스 다운로드 전용게시판 주소로 바로 접근 후 다운로드 받습니다.

▶ 앤써북 공식 네이버 카페 https://cafe.naver.com/answerbook
▶ 책 소스 다운로드 전용게시판 바로가기 https://cafe.naver.com/answerbook/5830

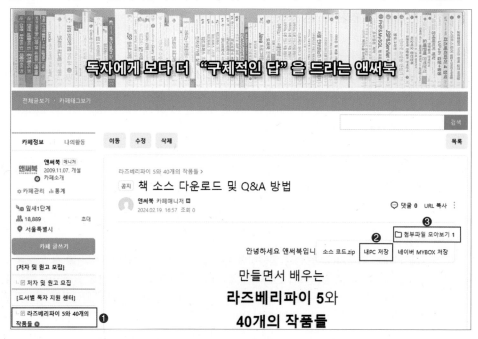

To inquire about the contents of a book

책 내용 문의하기

이 책의 실습을 진행하면서 발생하는 오류는 저자가 운영하는 다두이노 사이트의 문의게시판을 이용하면 보다 더 정확한 답변 받으실 수 있습니다.

➡ Q&A 다두이노 문의게시판 : https://daduino.co.kr/

다두이노 회원가입하고 [문의게시판]-[글쓰기] 클릭 후 문의글 작성합니다.

[앤써북 공식 체험단 소식 받기]

앤써북에서 출간된 신간 책은 물론 책과 연관된 실습 키트 등 앤써북에서 진행하는 모든 체험 모집 안내글 소식을 편리하게 받아보실 수 있습니다.

체험단 모집 안내 게시글은 비정기적으로 등록되기 때문에 앤써북 카페 공식 체험단 게시판에 접속한 후 "즐겨찾기" 버튼(❶)을 눌러 [채널 구독하기] 버튼(❷)을 눌러 즐겨찾기 설정해 놓으면 새로운 체험단 모집 글을 메일로 자동 받아보실 수 있습니다.

➡ 앤써북 카페 공식 체험단 게시판 https://cafe.naver.com/answerbook/menu/150

[체험단 바로가기 QR코드]

Hands-on supplies

이 책의 실습 준비물

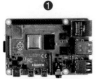
❶ 라즈베리파이 5

❷ 마이크로 SD 16g

❸ USB 무선 AP

❹ 5V 3A USB C타입 어댑터

❺ [웹캠] FULL HD 1080P
Web Cam

❻ 미니블루투스 스피커

기본 구성품 및 옵션사항

❼ 5 x LED 빨간색

❽ 5 x LED 파란색

❾ 5 x LED 초록색

❿ 5 x LED 노랑색

⓫ 5 x LED 흰색

⓬ 10 x 저항 220옴

⓭ 10 x 저항 10k옴

⓮ MCP 3208

⓯ 능동부저 3V

⓰ MQ-2가스감지모듈

⓱ 피에조부저 3V

⓲ MPU 6050 모듈

⓳ DS18B02 모듈로

⓴ 5 x 푸쉬버튼

㉑ 초음파센서

㉒ HM-10 블루투스 통신모듈

㉓ 마이크(스탠드 타입)

㉔ CDS 광센서

㉕ 인체감지센서모듈

㉖ MB-102 브레드보드

㉗ 라즈베리파이
케이스+펜

㉘ L9110 모터드라이버모듈

| ㉙ 40 x 전선(M)–(M) (수–수) | ㉚ 40 x 전선(M)–(F) (수–암) | ㉛ +− 드라이버 | ㉜ 케이스 |

번호	이름	수량	번호	이름	수량
❶	라즈베리파이(옵션)	1개	⑰	피에조부저 3V	1개
❷	SD 메모리(옵션)	1개	⑱	MPU6050모듈	1
❸	USB 무선 AP(옵션)	1개	⑲	DS18B02 온도센서모듈	1
❹	5V 3A USB C타입 아답터(옵션)	1개	⑳	푸쉬버튼 12*12mm	5개
❺	웹캠 USB타입(옵션)	1개	㉑	초음파센서모듈 3V	1개
❻	블루투스 스피커(옵션)	1개	㉒	HM–10블루투스 통신모듈	1개
❼	LED빨강	5개	㉓	마이크(스탠드 타입)	1개
❽	LED파랑	5개	㉔	CDS 광센서	1개
❾	LED초록	5개	㉕	인체감지센서모듈	1개
❿	LED노랑	5개	㉖	브레드보드	1개
⓫	LED흰색	5개	㉗	케이스+팬	1개
⓬	220옴 저항	10개	㉘	L9110모터드라이버 모듈	1개
⓭	10k옴 저항	10개	㉙	수/수 20cm 점퍼케이블	40가닥
⓮	MCP3208	1개	㉚	암/수 20cm 점퍼케이블	40가닥
⓯	능동부저(스티커) 3V	1개	㉛	+− 변신드라이버	1개
⓰	MQ–2가스감지모듈	1개	㉜	케이스	1개

↪ 라즈베리파이 5와 40개의 작품들 키트

《라즈베리파이 5와 40개 작품들 키트》에는 이 도서에서 설명하는 구성품을 모두 담고 있습니다. 단, ❶~❻번 부품은 선택 구매합니다.

- **키트명** : 라즈베리파이 5와 40개 작품들
- **구매처** : 다두이노(www.daduino.co.kr)

Contents

목차

Contents

목차

Contents

목차

Contents

목차

Chapter 04

10개 인공지능
작품 만들기

라즈베리 파이 개발 환경 구성과 사용법 익히기

01 _ 라즈베리 파이 개요 및 원격 개발 환경 구성

라즈베리 파이 개요

라즈베리 파이(Raspberry Pi)는 학생들과 전 세계 취미 생활자들에게 컴퓨터 과학에 대한 접근성을 제공하기 위해 영국의 라즈베리 파이 재단에 의해 개발된 소형, 저비용의 싱글보드 컴퓨터입니다. 이 컴퓨터의 주요 목적은 컴퓨터 과학 교육을 저렴하고 재미있게 만들어 더 많은 사람들이 컴퓨팅을 배울 수 있게 하는 것입니다. 라즈베리 파이는 크기가 작고, 가격이 낮으며, 다양한 운영 체제를 지원합니다.

주요 특징들은 다음과 같습니다.

❶ 크기와 비용: 라즈베리 파이는 신용카드 크기로 매우 작으며, 가격이 낮아 많은 사람들이 접근할 수 있습니다.

❷ 성능: 다양한 모델이 있으며, 각각의 모델은 CPU, RAM, 저장 공간 등에서 다양한 성능을 제공합니다. 일부 최신 모델은 4GB 또는 그 이상의 RAM을 제공합니다.

❸ 용도: 라즈베리 파이는 교육, 홈 서버, 미디어 센터, 네트워크 장치, 게임 콘솔 에뮬레이터 등 다양한 용도로 사용됩니다.

❹ 확장성: GPIO(General-Purpose Input/Output) 핀을 통해 센서, 모터 등 다양한 하드웨어를 연결할 수 있으며, 이를 통해 로봇, 기상 스테이션, 스마트 홈 장치 등을 만들 수 있습니다.

❺ 운영 체제: 라즈베리 파이는 주로 Linux 기반의 운영 체제를 사용합니다. Raspberry Pi OS(이전의 Raspbian)가 가장 널리 사용되지만, 다른 Linux 배포판 또는 Windows 10 IoT Core와 같은 대체 OS도 사용할 수 있습니다.

❻ 커뮤니티와 지원: 라즈베리 파이는 전 세계적으로 강력한 사용자 및 개발자 커뮤니티를 보유하고 있으며, 온라인 포럼, 튜토리얼, 교육 자료 등을 통해 지원을 받을 수 있습니다.

라즈베리 파이는 기술에 대한 접근성을 높이고, 학습자들에게 실제 하드웨어와 소프트웨어 프로젝트에 참여할 기회를 제공함으로써 교육과 취미 활동에 혁신을 가져왔습니다. 이러한 특성 때문에 학교 교육은 물론 DIY 프로젝트, 프로토타이핑 등 다양한 분야에서 활용되고 있습니다.

다음은 2023년 12월에 출시된 최신 버전의 라즈베리 파이5입니다.

주요 특징으로는 다음과 같습니다.

- 브로드컴 BCM2712 2.4GHz 쿼드코어 64비트 Arm Cortex-A76 CPU(cryptography extensions), 코어당 512KB L2 캐쉬, 공유 2MB L3 캐쉬
- VideoCore VII GPU, supporting OpenGL ES 3.1, Vulkan 1.2
- 듀얼 4Kp60 HDMI® 디스플레이 출력(HDR 지원)
- 4Kp60 HEVC decoder
- LPDDR4X-4267 SDRAM (4GB / 8GB 선택)
- 듀얼밴드 802.11ac Wi-Fi®
- 블루투스 5.0 / 저전력 블루투스(BLE)
- microSD 슬롯(고속 SDR104 모드 지원)
- 2 × USB 3.0 포트(5Gbps)
- 2 × USB 2.0 포트
- 기가비트 이더넷(PoE+ 지원 (별도 PoE+ HAT 필요))
- 2 × 4레인 MIPI 카메라/디스플레이 통신
- PCIe 2.0 x1 고속 주변기기용 인터페이스 (별도 M.2 HAT 또는 아답터 필요)
- 5V/5A DC (USB-C 포트, PD 지원)
- 라즈베리 파이 표준 40핀(GPIO)
- RTC(별도 외장전원 필요)
- 전원 버튼

전원 버튼이 추가되었고, RTC 배터리를 연결할 수 있는 단자가 추가되었습니다. 또한 시리얼통신으로 디버깅 가능한 핀이 추가되었습니다.

That's not all

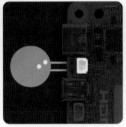

| Power button | Dual 4Kp60 | Real-time clock | UART debug port |

▲ 라즈베리 파이5의 변경점

라즈베리 파이5의 변경점은 라즈베리 파이 4에 비해서 약 3배가량 빨라졌고 전원 버튼이 추가되었습니다. 또한 오디오 단자가 없어졌고 카메라케이블의 사이즈가 변경되었습니다.

다음은 라즈베리 파이의 종류입니다. 소형화된 라즈베리 파이인 Zero 모델과 Zero W가 최신에 출시된 모델입니다.

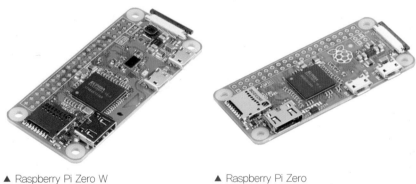

▲ Raspberry Pi Zero W   ▲ Raspberry Pi Zero

다음은 라즈베리 파이 초창기 모델인 라즈베리 파이 1, 2 모델입니다.

▲ Raspberry Pi 2 Model B   ▲ Raspberry Pi 1 Model B+   ▲ Raspberry Pi 1 Model A+

다음은 최신 모델인 Raspberry Pi 5 모델과 비교적 최신 모델인 4 모델입니다.

이 책에서는 Raspberry Pi 5 모델을 사용합니다. 2024.01월 기준으로 Raspberry Pi 5 모델이 최신이나 Raspberry Pi 5나 그 이상 버전이 출시된다면 최신의 모델을 사용하면 됩니다. Raspberry Pi는 OS가 호환되어 속도만 다를 뿐 코드 등은 호환됩니다.

▲ Raspberry Pi 5 Model

▲ Raspberry Pi 4 Model

▲ Raspberry Pi 3 Model B+

Raspberry Pi 400 unit 모델로 Raspberry Pi 4 Model B와 키보드가 결합된 형태이다. 사양은 Raspberry Pi 4 Model B와 동일합니다.

Raspberry Pi Pico로 OS가 올라가지 않는 모델로 4달러로 출시하였습니다. C언어, 파이썬 등의 언어로 제어가 가능합니다.

▲ Raspberry Pi Pico 모델

라즈베리 파이 개발 환경 구성

라즈베리 파이 개발 환경 구성

1 구글에서 "라즈베리 파이 사이트"를 검색 후 라즈베리 파이 공식 홈페이지에 접속합니다.

2 설치 프로그램을 다운로드 받기 위해서 Software 탭을 클릭합니다.

3 스크롤을 아래로 내려 [Download for Windows] 부분을 클릭하여 Raspberry Pi Imager 프로그램을 다운로드 받습니다.

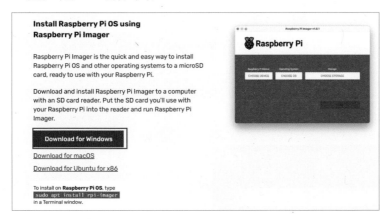

4 다운로드 받은 파일을 더블클릭하여 설치합니다.

5 SD카드에 라즈베리 파이의 이미지를 설치하는 프로그램입니다.

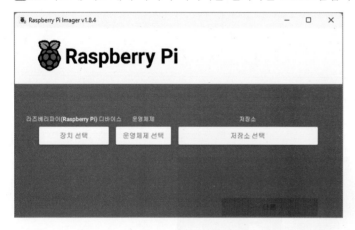

6 SD카드를 USB 리더기에 넣은 다음 컴퓨터와 연결합니다.

7 [장치 선택] 부분을 클릭합니다.

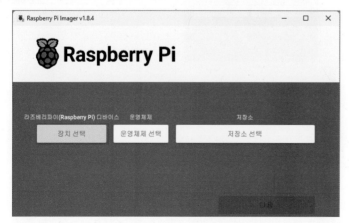

8 Raspberry Pi 5를 선택합니다. 또는 사용하는 라즈베리 파이의 버전을 클릭합니다.

9 [운영체제 선택] 부분을 클릭합니다.

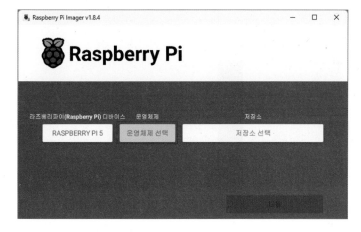

10 Raspberry Pi OS(64Bit)를 선택합니다. 32Bit의 경우 Tensorflow 등 인공지능 라이브러리가 호환되지 않습니다.

11 [저장소 선택] 부분을 클릭합니다.

12 컴퓨터와 연결된 SD카드를 선택합니다.

13 [다음]을 클릭합니다.

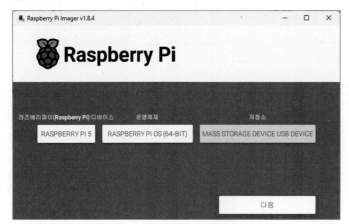

⑭ wifi 연결, ssh 등을 설정하기 위해서 [설정을 편집하기]를 클릭합니다.

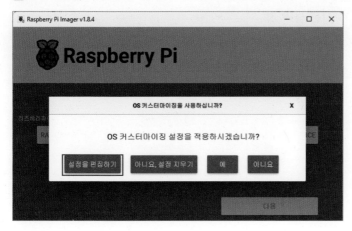

⑮ [일반] 탭에서는 사용자 이름 및 비밀번호 설정 부분은 다음과 같이 설정합니다. 사용자 이름은 개인이 원하는 대로 변경해도 됩니다. 책에서는 라즈베리 파이에서 자주 사용했던 사용자 이름과 비밀번호로 설정하였습니다. ssh, 원격접속 등에 사용하는 ID와 비밀번호입니다.

    – 사용자 이름: pi
    – 비밀번호: raspberry

무선 LAN 설정은 wifi가 초기에 연결되는 설정으로 어디에 연결될지를 설정합니다. 모니터와 키보드가 없는 환경에서 원격으로 접속하기 위해서 라즈베리 파이가 wifi에 접속될 ssid와 비밀번호를 설정하는 과정입니다. PC에서 핫스팟을 이용하여 wifi를 만들어 PC와 연결되므로 SSID와 비밀번호를 설정합니다. wifi 접속정보는 아래와 동일하게 하지 않아도 됩니다. 무선 LAN 국가 및 로케일 설정은 지금 과정에서 하지 않아도 됩니다.

    – SSID: jmc
    – 비밀번호: 123456789

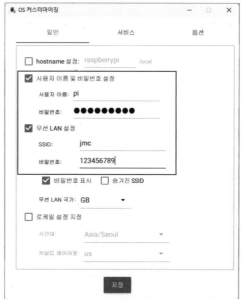

16 [서비스] 탭으로 이동하여 SSH 사용에 체크한 후 비밀번호 인증 사용에 체크합니다. [저장]을 눌러 저장한 다음 계속 진행합니다.

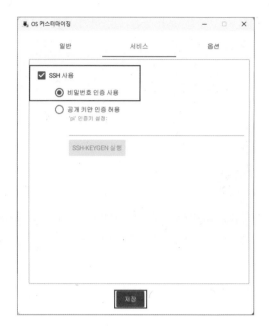

17 [예]를 눌러 계속 진행합니다.

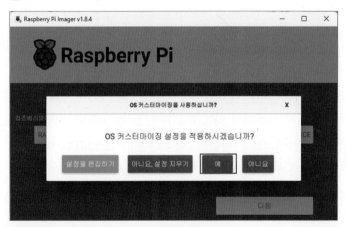

18 [예]를 눌러 설치를 진행합니다.

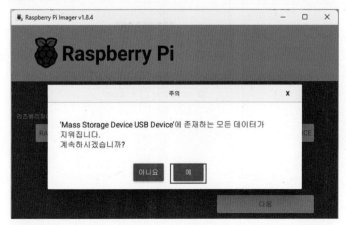

🔟9️⃣ 설치중입니다.

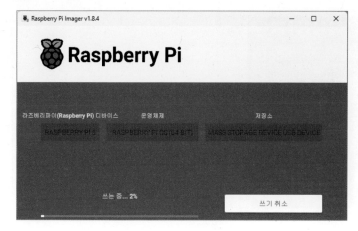

2️⃣0️⃣ 설치완료 후 [계속]을 눌러 쓰기를 종료한 다음 SD메모리는 컴퓨터와 분리합니다.

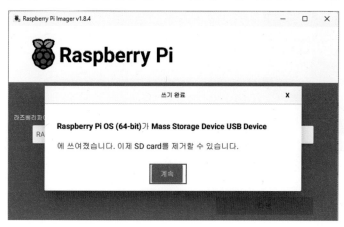

2️⃣1️⃣ SD메모리를 라즈베리 파이의 바닥면에 커넥터 단자에 연결합니다.

22 SD카드를 라즈베리 파이에 연결하였습니다.

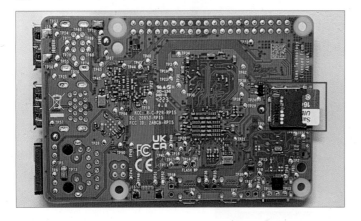

23 USB케이블을 이용하여 전원을 연결합니다.

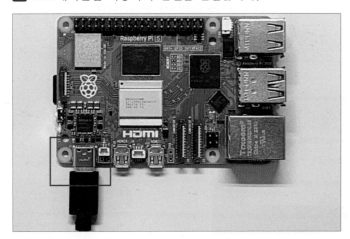

24 PC와 무선으로 연결하기 위해서 PC에서 "핫스팟"을 검색 후 모바일 핫스팟 설정으로 이동합니다.

25 사용하는 PC가 유선으로만 연결되어 있다면 USB용 wifi 동글을 이용하여 PC에 wifi 환경을 구성한 후 진행합니다.

26 네트워크 속성의 [편집]을 클릭합니다.

27 네트워크 이름, 네트워크 암호를 설정합니다. 라즈베리 파이의 OS를 설치할 때 wifi의 접속정보대로 입력합니다. 또한 네트워크 대역은 2.4G로 합니다. 라즈베리 파이 4 이상은 5G에 연결이 가능하지만 초기에는 5G로 연결되지 않아 2.4GHz 대역으로 연결합니다. 네트워크 대역이 보이지 않는

다면 무선랜을 통해 연결된 대역으로 자동으로 연결됩니다. wifi가 5G로 연결되었다면 2.4G로 연결한 다음 진행합니다.

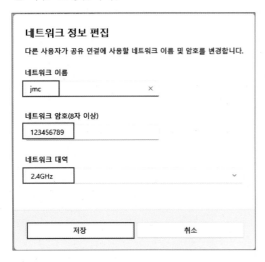

28 모바일 핫스팟을 [켬]으로 합니다. 또한 절전은 [끔]으로 해두는 것이 자동으로 핫스팟이 꺼짐을 방지합니다.

㉙ 라즈베리 파이가 부팅 후 PC에서 만들어준 wifi망에 접속되었습니다.

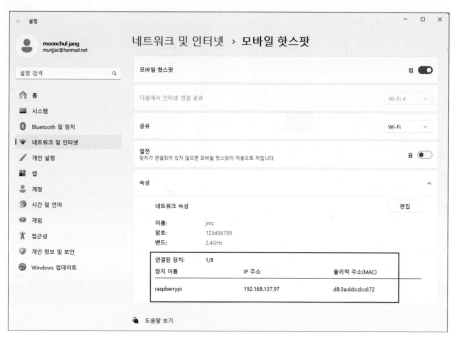

㉚ IP주소는 라즈베리 파이에 연결 시 사용하므로 확인합니다.

연결된 장치:	1/8	
장치 이름	IP 주소	물리적 주소(MAC)
raspberrypi	192.168.137.97	d8:3a:dd:cd:cd:72

라즈베리 파이를 연결 방법

라즈베리 파이를 연결하기 위한 3가지 방법에 대해서 소개합니다.

아래는 원격데스크탑, VNC뷰어, 모니터 키보드 연결에 대한 각각의 장점, 단점을 비교하였습니다.

3가지 방법을 통한 개발 환경을 구성해봅니다.

방법	원격데스크탑	VNC 뷰어	모니터 키보드 연결
장점	– 설치가 간단하다. – 윈도우의 기본프로그램으로 사용가능하다. – 파일 복사 및 이동이 쉽다.	– 연결이 안정적이다. – 그래픽이 깨지지 않는다.	– 컴퓨터처럼 사용가능하다.
단점	– 그래픽이 깨지는 경우가 있다. – 연결이 불안하다.	– 파일의 이동을 VNC 기능을 이용해야 해서 불편하다. – 추가적인 뷰어 프로그램을 설치해야 한다.	– 모니터, 키보드, 마우스 등 부가 장치가 필요하다

원격 데스크탑을 이용한 연결 방법

라즈베리 파이가 PC에 연결된 다음 진행합니다.

1 cmd를 검색 후 마우스 오른쪽을 클릭 후 [명령 프롬프트]를 관리자 권한으로 실행합니다.

2 ssh pi@연결된 주소를 입력하여 ssh에 접속합니다. ssh는 ssh 기능 pi는 라즈베리 파이의 id입니다 @뒤에 ip주소는 라즈베리 파이가 연결된 주소입니다.

```
ssh pi@ip주소
```

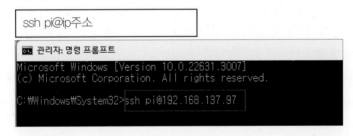

3 yes를 눌러 계속 진행합니다.

관리자: 명령 프롬프트 - ssh pi@192.168.137.97

```
Microsoft Windows [Version 10.0.22631.3007]
(c) Microsoft Corporation. All rights reserved.

C:\Windows\System32>ssh pi@192.168.137.97
The authenticity of host '192.168.137.97 (192.168.137.97)' can't be established.
ED25519 key fingerprint is SHA256:QWphBKuHBPGDGkaZ1+f60BNSmXvCrBiyEa8j85zypgU.
This key is not known by any other names
Are you sure you want to continue connecting (yes/no/[fingerprint])? yes
```

④ raspberry를 입력한 후 엔터를 눌러 접속합니다. 라즈베리 파이 OS를 설치할 때 입력한 비밀번호입니다. 비밀번호를 입력해도 아무런 변화가 없으므로 정확하게 입력한 후 엔터를 치면 접속됩니다.

```
관리자: 명령 프롬프트 - ssh pi@192.168.137.97
Microsoft Windows [Version 10.0.22631.3007]
(c) Microsoft Corporation. All rights reserved.

C:\Windows\System32>ssh pi@192.168.137.97
The authenticity of host '192.168.137.97 (192.168.137.97)' can't be established.
ED25519 key fingerprint is SHA256:OWphBKuHBPGDGkaZ1+f6OBNSmXvCrBiyEa8j85zypgU.
This key is not known by any other names
Are you sure you want to continue connecting (yes/no/[fingerprint])? yes
Warning: Permanently added '192.168.137.97' (ED25519) to the list of known hosts.
pi@192.168.137.97's password:
```

⑤ 라즈베리 파이의 SSH에 접속하였습니다.

```
pi@raspberrypi: ~                                               -  □  ×
Microsoft Windows [Version 10.0.22631.3007]
(c) Microsoft Corporation. All rights reserved.

C:\Windows\System32>ssh pi@192.168.137.97
The authenticity of host '192.168.137.97 (192.168.137.97)' can't be established.
ED25519 key fingerprint is SHA256:OWphBKuHBPGDGkaZ1+f6OBNSmXvCrBiyEa8j85zypgU.
This key is not known by any other names
Are you sure you want to continue connecting (yes/no/[fingerprint])? yes
Warning: Permanently added '192.168.137.97' (ED25519) to the list of known hosts.
pi@192.168.137.97's password:
Linux raspberrypi 6.1.0-rpi7-rpi-2712 #1 SMP PREEMPT Debian 1:6.1.63-1+rpt1 (2023-11-24) aarch64

The programs included with the Debian GNU/Linux system are free software;
the exact distribution terms for each program are described in the
individual files in /usr/share/doc/*/copyright.

Debian GNU/Linux comes with ABSOLUTELY NO WARRANTY, to the extent
permitted by applicable law.
Last login: Tue Dec  5 05:04:55 2023

SSH is enabled and the default password for the 'pi' user has not been changed.
This is a security risk - please login as the 'pi' user and type 'passwd' to set a new password.

pi@raspberrypi:~ $
```

⑥ 아래의 명령어를 입력하여 원격프로그램을 설치합니다.

```
sudo apt-get install xrdp -y
```

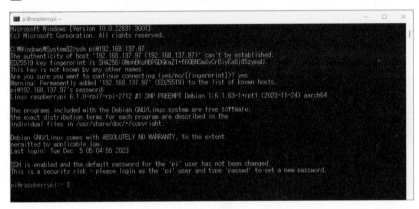

```
Last login: Tue Dec  5 05:04:55 2023
SSH is enabled and the default password for the 'pi' user has
This is a security risk - please login as the 'pi' user and t
pi@raspberrypi:~ $ sudo apt-get install xrdp -y
```

⑦ 설치를 완료하였습니다.

```
pi@raspberrypi: ~                                               -  □  ×
Unpacking xorgxrdp (1:0.9.19-1) ...
Setting up xfonts-100dpi (1:1.0.5) ...
Setting up libxx86dga1:arm64 (2:1.1.5-1) ...
Setting up libfuse2:arm64 (2.9.9-6+b1) ...
Setting up xorg-docs-core (1:1.7.1-1.2) ...
Setting up xfonts-base (1:1.0.5+nmu1) ...
Setting up xorgxrdp (1:0.9.19-1) ...
Setting up x11-utils (7.7+5) ...
Setting up x11-session-utils (7.7+5) ...
Setting up xfonts-75dpi (1:1.0.5) ...
Setting up xbitmaps (1.1.1-2.2) ...
Setting up xfonts-scalable (1:1.0.3-1.3) ...
Setting up libxcb-damage0:arm64 (1.15-1) ...
Setting up xrdp (0.9.21.1-1) ...

Generating 2048 bit rsa key...

ssl_gen_key_xrdp1 ok

saving to /etc/xrdp/rsakeys.ini

Created symlink /etc/systemd/system/multi-user.target.wants/xrdp-sesman.service → /lib/systemd/system/xrdp-sesman.servi
ce.
Created symlink /etc/systemd/system/multi-user.target.wants/xrdp.service → /lib/systemd/system/xrdp.service.
Setting up x11-apps (7.7+9) ...
Setting up xorg (1:7.7+23) ...
Processing triggers for libc-bin (2.36-9+rpt2+deb12u3) ...
Processing triggers for man-db (2.11.2-2) ...
Processing triggers for fontconfig (2.14.1-4) ...
pi@raspberrypi:~ $
```

8 윈도우에서 원격을 검색 후 [원격 데스크톱 연결]을 클릭합니다.

9 IP를 입력한 후 접속이 가능합니다. 다만 매번 비밀번호를 입력해야 하므로 [옵션 표시]를 눌러 접속정보를 기억할 수 있도록 설정합니다.

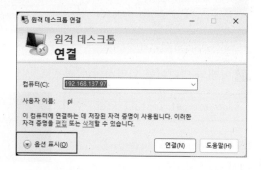

10 컴퓨터 부분에 라즈베리 파이의 IP를 입력하고 자격 증명 저장 허용을 체크한 후 [연결]을 눌러 연결합니다.

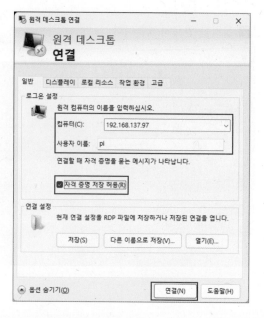

11 raspberry의 비밀번호를 입력 후 기억에 체크한 후 [확인]을 눌러 연결합니다. 다음에 연결할때는 기억했기 때문에 비밀번호를 매번 입력하지 않아도 됩니다.

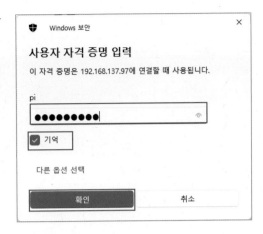

원격으로 라즈베리 파이에 연결하였습니다.

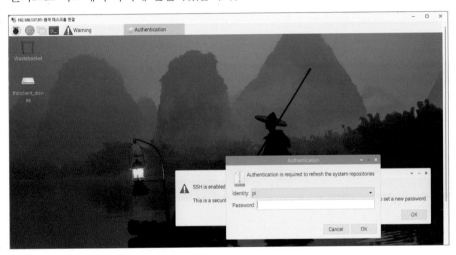

12 화면비가 마음에 들지 않는다면 프로그램의 맨 윗부분에 마우스 오른쪽을 클릭하고 [확대/축소]에서 75% 정도로 조절하면 적당한 화면비로 변경됩니다.

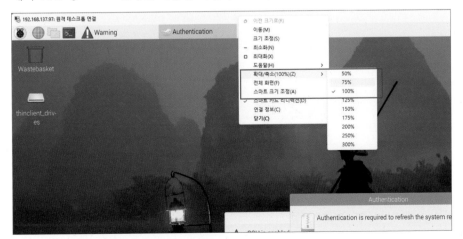

13 75%의 화면비로 변경하였습니다.

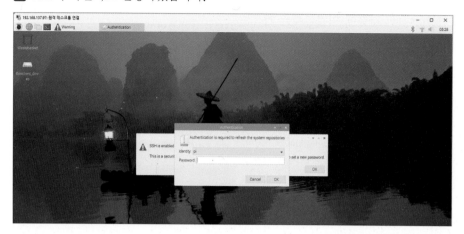

14 처음 연결 시 비밀번호를 변경하는 알림이 나오는데 [Cancel]을 눌러 변경하지 않고 사용합니다.

VNC를 이용한 연결

VNC를 이용한 연결 방법에 대해서 알아봅니다.

SSH에 접속할 때 커맨드 프롬프트를 이용해도 되나 이번엔 터미널 프로그램이 아닌 putty 프로그램을 이용하여 SSH에 연결해보도록 합니다.

1 구글에서 "putty"를 검색 한 후 아래 사이트에 접속합니다.

2 [Download PuTTy]를 클릭합니다.

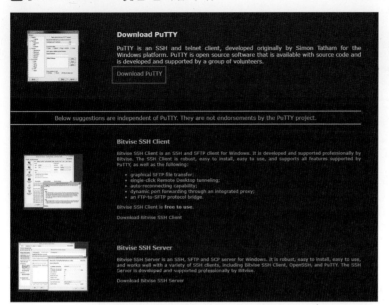

3 64-Bit 프로그램을 다운로드 받습니다.

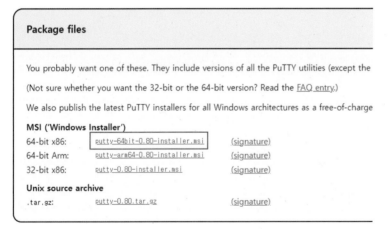

4 다운로드 받은 파일을 더블클릭하여 설치합니다.

5 설치 완료 후 프로그램을 실행하였습니다.

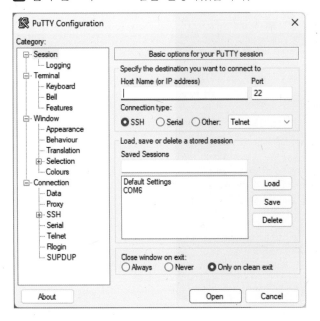

6 라즈베리 파이가 연결된 IP주소를 확인합니다.

7 ip주소를 입력 후 [Open]을 클릭하여 접속합니다.

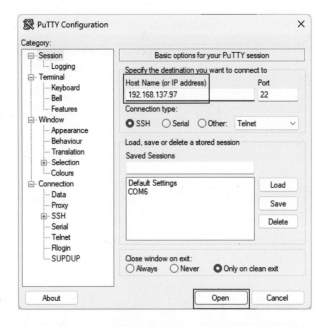

8 [Accept]를 눌러 계속 진행합니다.

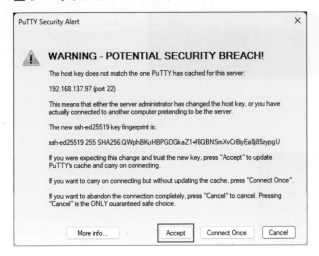

9 id는 pi를 입력합니다.

10 비밀번호는 raspberry를 입력합니다. 비밀번호 입력시 아무런 변화가 없습니다. 비밀번호를 입력 후 엔터를 눌러 접속합니다.

11 SSH에 접속하였습니다.

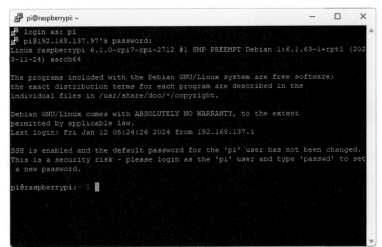

12 아래의 명령어를 터미널에 입력하여 설정으로 이동합니다.

```
sudo raspi-config
```

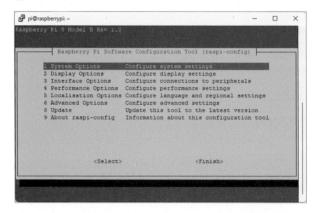

13 라즈베리 파이의 설정에 접속하였습니다.

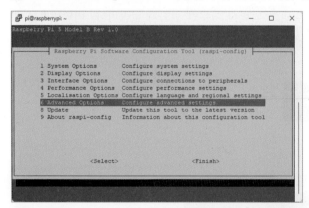

14 "6 Advanced Options"로 이동합니다. 화살표키를 눌러 이동한 후 엔터로 이동할 수 있습니다.

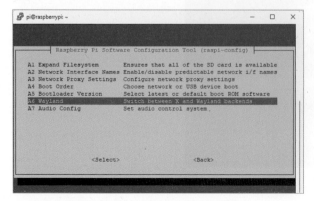

15 "A6 Wayland"로 이동합니다.

16 W1 X11을 클릭합니다.

X11은 이러한 리눅스 시스템에서 널리 사용되는 디스플레이 서버 프로토콜입니다.

X11은 X Window System의 11번째 버전을 의미하며, 그래픽 사용자 인터페이스(GUI)를 제공하기 위한 기초적인 시스템으로 작동합니다. 즉, X11은 사용자가 창을 여닫거나, 마우스와 키보드 입력을 처리하는 등의 그래픽 작업을 관리합니다. X11이 아닌 Wayfire가 기본설정으로 되어있어 VNC에서 화면을 보여 줄 수 없어서 기존버전인 X11로 변경합니다.

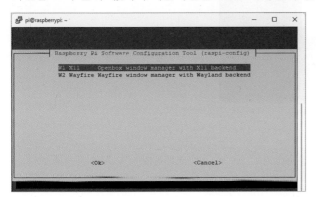

17 OK를 클릭합니다.

18 [탭] 키를 두 번 눌러 〈Finish〉로 이동한 후 엔터를 입력합니다. 그 후 라즈베리 파이가 자동으로 재부팅됩니다.

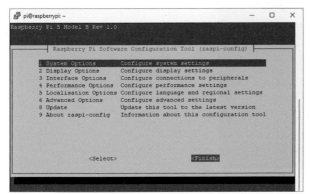

19 라즈베리 파이가 재부팅 되어서 연결이 끊겼습니다.

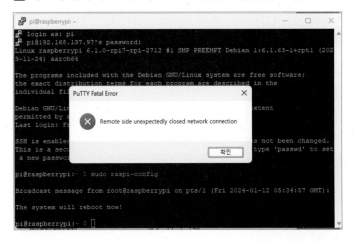

20 다시 SSH에 접속합니다.

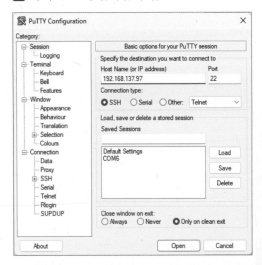

21 sudo raspi-config를 입력하여 설정으로 이동합니다.

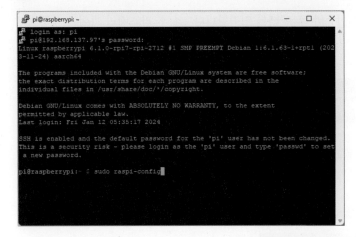

22 VNC 옵션을 켜기 위해서 "3 Interface Options"로 이동합니다.

23 "I2 VNC"를 클릭합니다.

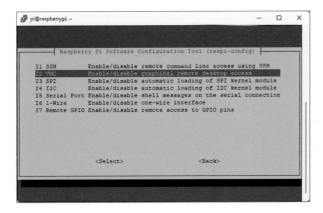

24 〈Yes〉를 눌러 VNC를 사용함으로 설정합니다.

25 〈OK〉를 눌러 계속 진행합니다.

26 VNC로 보여줄 화면비를 설정하기 위해 "2 Display Options"로 이동합니다.

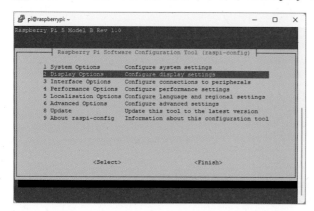

27 "D3 VNC Resolution"으로 이동합니다.

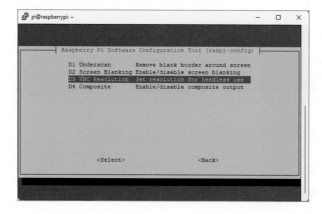

28 화면비를 1600x1200으로 선택합니다. 엔터를 입력하여 선택합니다.

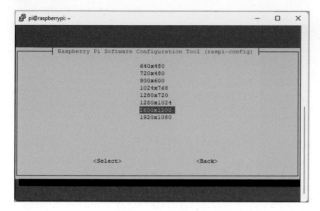

29 〈Ok〉를 눌러 설정합니다.

30 [탭] 키를 두 번 눌러 〈Finish〉로 이동한 후 엔터를 눌러 설정을 마무리합니다.

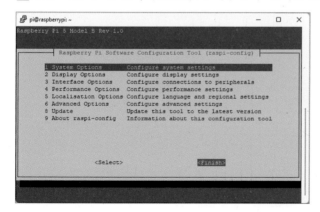

31 〈Yes〉를 눌러 재부팅합니다. 재부팅 이후는 VNC로 접속할 것이므로 putty는 사용하지 않습니다.

PC에서 VNC로 접속하기 위해서 VNC 프로그램을 다운로드 받습니다.

1 구글에서 real VNC를 검색 후 아래 사이트에 접속합니다.

2 VNC 프로그램을 다운로드 받습니다.

❸ 다운로드 받은 설치파일을 더블클릭하여 설치합니다.

❹ 설지 완료 후 VNC 프로그램의 실행화면입니다.

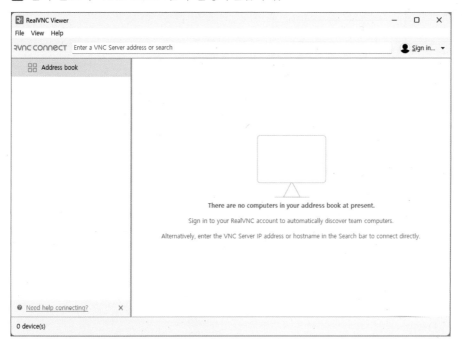

❺ [File] → [New connection...]을 클릭합니다.

⑥ VNC Server에 라즈베리 파이의 IP주소를 입력합니다. Name은 VNC 뷰어 프로그램에서 보여주는 이름으로 라즈베리 파이5로 설정하였습니다. [OK]를 눌러 설정을 마무리 합니다.

⑦ 바로 이전에 생성한 라즈베리 파이5의 연결을 더블클릭하여 연결합니다.

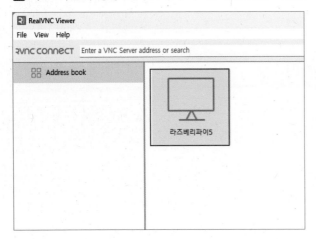

8 Continue를 눌러 계속 진행합니다.

9 다음 사용자 이름과 패스워드를 입력 후 [OK]를 눌러 접속합니다

Remember password를 체크하면 다음부터는 비밀번호를 입력하지 않아도 됩니다.

- Username: pi
- Password: raspberry

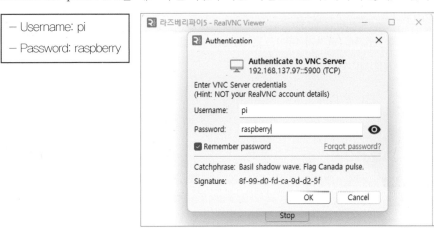

10 VNC로 라즈베리 파이에 연결하였습니다.

모니터와 키보드 사용

모니터와 키보드를 사용할 경우 모니터와 키보드, 마우스를 다음과 같이 라즈베리 파이와 연결합니다.

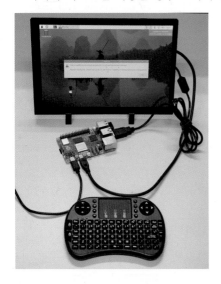

라즈베리 파이 4 이상부터는 HDMI 단자가 마이크로 HDMI 단자로 일반적인 HDMI 케이블을 이용한다면 HDMI to 마이크로 HDMI 젠더가 필요합니다.

파이썬 가상 환경 구성

우리는 이 책의 40개의 작품들을 파이썬 프로그램을 이용하여 진행합니다.

라즈베리 파이의 최신 OS는 2024. 01월 기준 데비안 리눅스를 기본으로 한 bookworm 버전입니다.

Raspberry Pi OS with desktop

Release date: December 5th 2023
System: 32-bit
Kernel version: 6.1
Debian version: 12 (bookworm)
Size: 1,254MB
Show SHA256 file integrity hash:
Release notes

bookworm이전 버전에서는 기본 설치된 파이썬에 다양한 라이브러리를 추가로 설치할 수 있었습니다. bookworm 버전부터는 보안이 강화되어 기본 설치된 파이썬에 라이브러리 등을 사용자가 추가적으로 설치하여 사용하지 못하도록 변경되었습니다. 강제적으로 설치는 가능하나 강제로 설치할 경우 OS에서 사용하는 프로그램과 호환이 되지 않아 문제가 될 수 있습니다. 그렇기 때문에 파이썬을 사용할 경우 가상 환경을 구성하여 사용할 것을 bookworm 버전부터는 추천하고 있습니다.

파이썬 가상 환경을 만들어서 사용하는 방법을 알아보도록 합니다.
우리는 [myProjects] 폴더를 만들고 그안에 1~40개의 작품들을 폴더별로 관리합니다. myProjects 폴더에 가상 파이썬 환경을 구성해보도록 합니다.

1 파일관리자를 클릭하여 실행합니다.

2 /home/pi 위치로 파일관리자가 열립니다. [마우스 오른쪽 클릭] → [New Folder]를 클릭합니다.

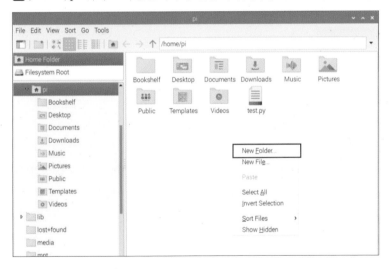

3 [myProjects] 이름으로 폴더를 생성합니다.

4 [myProjects] 폴더가 생성되었습니다. 더블클릭하여 폴더에 들어갑니다.

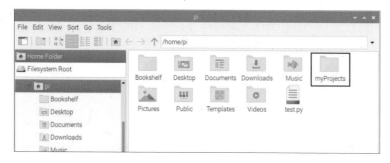

5 [마우스 오른쪽 클릭] -> [New Folder]를 클릭 후 [env] 이름으로 폴더를 생성합니다. 보통 env 는 가상 환경을 구성할 때 주로 사용되는 폴더 이름입니다.

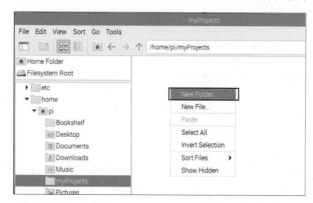

6 /home/pi/myPtojects/env 폴더가 생성되었습니다. env 폴더에 파이썬 가상 환경을 구성할 예 정입니다.

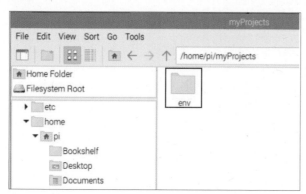

7 /home/pi 폴더에서 myProjects 폴더에 마우스 오른쪽을 클릭 후 [Open in Teminal]를 클릭합니다. 터미널이 myProjects 폴더의 경로로 열립니다.

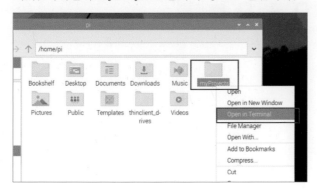

8 아래의 명령어를 입력하여 파이썬 가상 환경을 설치합니다. env 폴더에 가상 환경을 설치하는 명령어입니다. --system-site-packages 명령어를 입력하여 라즈베리 파이 OS에 설치된 파이썬의 라이브러리를 함께 설치합니다. 라즈베리 파이의 하드웨어 등을 제어하기 위해서 필수로 입력해야 합니다.

```
python -m venv --system-site-packages env
```

9 env 폴더에 파이썬 가상 환경이 설치되었습니다.

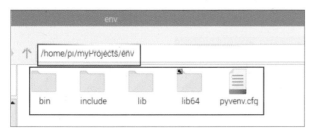

파이썬을 사용하기 위해서 Thonny 파이썬 IDE를 사용합니다.

1 Thonny를 클릭합니다.

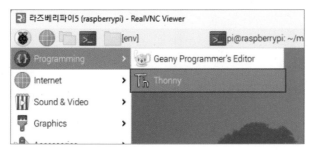

2 처음 실행시 간단모드로 오른쪽 위의 Switch to regular mode를 클릭합니다.

3 [OK]를 클릭 후 Thonny를 종료한 후 다시 실행합니다.

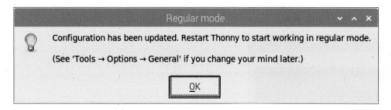

4 Regular 모드로 변경되었습니다. 화면의 구성이 변경되었습니다.
오른쪽 아래 Python3 부분을 클릭합니다.

5 파이썬의 실행파일을 설치한 가상 환경으로 변경하기 위해서 Configure interpreter를 클릭합니다.

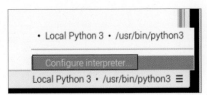

6 [...]을 클릭합니다.

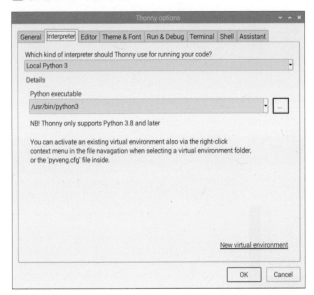

7 /home/py/myProjects/env/bin 경로에 python3를 선택 후 [OK]를 눌러 가상 환경으로 구성된 파이썬을 선택합니다.

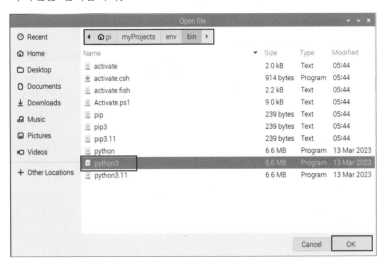

8 가상 환경으로 구성된 파이썬이 선택되었습니다. [OK]를 눌러 설정을 마무리 합니다.

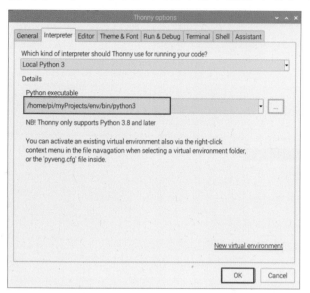

9 가상 환경으로 구성된 파이썬이 선택되었습니다.

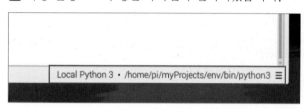

라즈베리 파이에 기본 설치된 파이썬을 사용해도 되나 추가적으로 라이브러리의 설치가 불가능하여 필수적으로 가상 환경을 구성하여 진행해야 합니다.

1 가상 환경에 라이브러리를 설치하기 위해서는 Thonny IDE에서 [Tools] -> [Open system shell]을 클릭합니다. [Open system shell] 지금 설정된 파이썬 환경으로 터미널을 열어줍니다. 파이썬이 가상 환경으로 설정되었는지 확인한 후 [Open system shell]을 클릭합니다.

❷ 터미널에 pip install의 명령어를 이용하여 라이브러리를 설치 할 수 있습니다.

❸ opencv의 라이브러리는 pip3 install opencv-python을 이용하여 설치하면 가상 환경으로 구성된 파이썬에 라이브러리가 설치됩니다. 그냥 터미널을 이용하여 명령어를 입력할 경우 라즈베리 파이의 기본 파이썬 환경에 설치할 수 없다는 에러가 발생합니다.

❹ 책에서 설치하는 모든 라이브러리는 Thonny IDE에서 [Tools] -> [Open system shell]을 클릭합니다. [Open system shell]을 열어 설치를 진행합니다.

CHAPTER

02

12개 기초 작품 만들기

라즈베리파이의 GPIO 및 파이썬 기초 사용에 초점을 맞춤 12개 작품을 만들어본다.

작품 01 | 위험을 알리는 경광등 만들기

학습 목표

빨간색 LED가 깜빡여 위험을 알리는 경광등을 만들어 봅니다.

"경광봉"의 사진입니다. 이는 자동차 사고나 공사장 등에서 위험을 알리기 위해 사용되는 봉 형태의 경광등으로, 내부에 LED가 있어 시끄럽게 깜빡이며 위험을 알리는 목적으로 사용됩니다.

[준비물]

다음과 같은 부품을 준비합니다.

부품명	수량
브레드보드	1개
LED 빨강	3개
220옴저항(빨빨검검갈)	3개
암/수 점퍼케이블	4개

◀ 회로 연결 시 주의사항 ▶

라즈베리 파이의 입출력 포트는 매우 민감하기 때문에 회로를 잘못 연결할 경우 고장이 날 수 있습니다. 따라서 회로 연결 전에 전원을 끄고 회로를 연결한 다음, 회로를 검토한 후 이상이 없을 때 라즈베리 파이의 전원을 켭니다. 이후 진행되는 모든 작업에서도 회로를 연결할 때에는 라즈베리 파이의 전원을 끄고 시작합니다.
라즈베리 파이의 전원을 종료하기 위해서는 다음과 같이 Shutdown... 선택 후 [Shutdown] 버튼을 눌러 종료가 가능합니다.

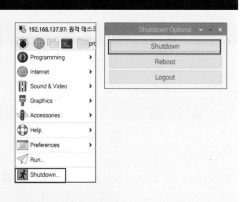

또는 터미널에서 아래의 명령어로 종료할 수도 있습니다.

```
$ sudo shutdown -h now
```

[회로 구성]

브레드보드에 다음 회로를 구성하여 연결합니다.

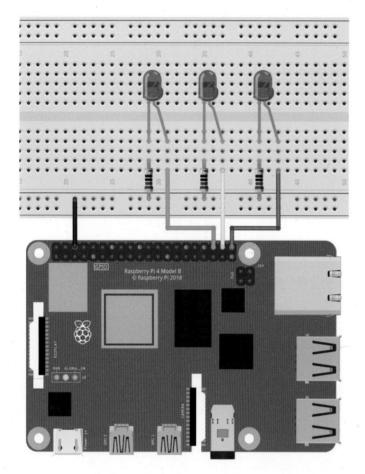

LED의 긴 다리(+)를 라즈베리 파이의 16, 20, 21번 핀에 각각 연결합니다. LED의 짧은 다리는 220
옴(빨빨검검갈) 저항을 통해 GND와 연결합니다.

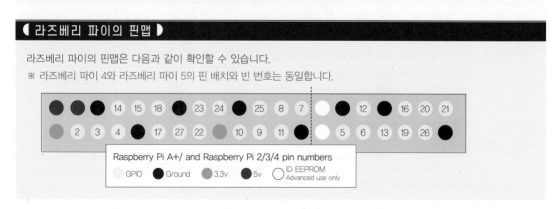

[라즈베리파이 코드 작성]

3개의 LED를 1초 간격으로 켜고 끄는 LED 점멸 예제를 작성합니다.

아래의 코드를 라즈베리 파이 Thonny python IDE에 작성합니다.

myProjects/project_1/main1.py

```python
01    from gpiozero import LED
02    from time import sleep
03
04    led1 = LED(16)
05    led2 = LED(20)
06    led3 = LED(21)
07
08    try:
09        while 1:
10            led1.on()
11            led2.on()
12            led3.on()
13            sleep(1.0)
14            led1.off()
15            led2.off()
16            led3.off()
17            sleep(1.0)
18
19    except KeyboardInterrupt:
20        pass
21
22    led1.off()
23    led2.off()
24    led3.off()
```

01 : 'gpiozero' 라이브러리에서 'LED' 클래스를 가져옵니다.

02 : 'time' 라이브러리에서 'sleep' 함수를 가져옵니다.

04~06 : 세 개의 LED 객체를 생성하고 각각을 'led1', 'led2', 'led3' 변수에 할당합니다. 이들은 라즈베리 파이의 핀 번호를 사용하여 초기화됩니다.

09~18 : 무한 루프 ('while 1:')를 시작합니다. 이 루프에서는 아래의 동작을 반복합니다.

 – led1, led2, led3를 모두 켭니다. ('on()' 메서드 호출)

 – 1초 동안 대기합니다. ('sleep(1.0)' 호출)

 – led1, led2, led3를 모두 끕니다. ('off()' 메서드 호출)

 – 다시 1초 동안 대기합니다.

19~20 : 사용자가 Ctrl + C 를 누를 때까지 코드를 실행하는 예외 처리 블록입니다. 사용자가 Ctrl + C 누르면 루프가 중단되고 코드 실행이 종료됩니다.

22~24 : 코드 실행이 종료되면 모든 LED를 끕니다. 이 부분은 예외 처리 블록 밖에서 실행됩니다.

Thonny python IDE에 코드를 작성합니다.

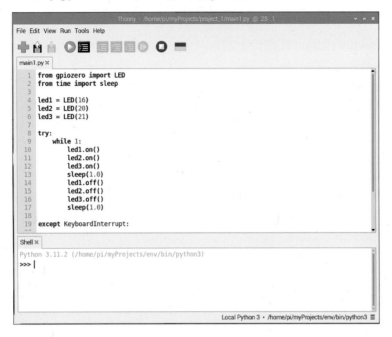

우리는 40개의 프로젝트를 진행해야 하므로 프로젝트별로 하나씩 폴더를 생성하여 저장합니다. 첫
번째 프로젝트를 진행하고 있으므로 [project_1]의 이름으로 폴더를 생성합니다.

Thonny python IDE로 돌아와 [Save] 버튼을
클릭합니다. 또는 [Run] 버튼을 눌러도 파일
이 저장되지 않았다면 [Save] 후 [Run]이 동
작합니다.

/home/pi/myProjects/project_1 폴더내에 main1의 이름으로 파이썬 파일을 생성하고 [OK] 버튼을 눌러 저장합니다. /home/pi/myProjects/project_1 폴더내에 main1.py 이름으로 저장됩니다. 파이썬코드의 파일의 확장자는 .py로 .py는 자동으로 붙습니다.

[Run] 버튼을 눌러 프로그램을 시작하여 봅니다. 아래 Shell 영역에 main1.py 파일이 실행되고 있음이 표시됩니다.

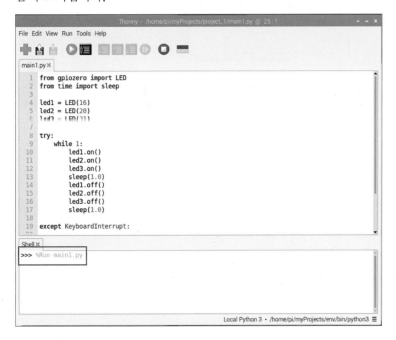

종료하는 방법은 두 가지입니다.

첫 번째 방법은 [Stop] 버튼을 눌러 종료하는 것이고, 두 번째 방법은 키보드의 Ctrl + C 버튼을 눌러 종료하는 방법입니다.

[Stop] 버튼을 눌러 종료할 경우, 프로그램은 [Stop] 버튼을 누른 시점에서 강제로 종료되며, 이로 인해 GPIO의 상태가 HIGH인 상태로 남을 수 있습니다. 반면 [컨트롤 + C] 버튼을 눌러 종료하는 경우에는 프로그램에서 안전하게 종료할 수 있습니다. 하지만 코드 내에서 키보드 인터럽트를 처리하고 GPIO.cleanup() 함수를 호출하여 GPIO 상태를 초기화해 주어야 합니다. 코드 내에 키보드 인터럽트를 처리하지 않는다면 [Stop] 버튼을 누르는 방법 외에는 강제 종료할 방법이 없습니다. 가능하면 코드 내에서 종료하는 방법을 구현하여 안전하게 종료하는 것이 좋습니다.

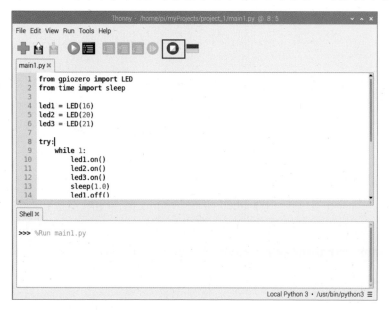

이 책의 모든 프로젝트의 코드는 [myProject] 폴더 아래에 [project_1~40]이라는 1부터 40까지의 폴더명으로 저장되고 실행됩니다.

[실행 결과]

1초마다 한 번씩 16,20,21번에 연결된 LED가 깜빡이는 것을 확인 할 수 있습니다. 경광등이라고 하기에는 너무 천천히 깜빡입니다.

다음의 코드를 작성하여 조금 더 경광등처럼 보이게 해봅니다.

myProjects/project_1/main1-1.py

```
01    from gpiozero import LED
02    from time import sleep
03
04    led1 = LED(16)
05    led2 = LED(20)
06    led3 = LED(21)
07
```

```
08    try:
09        while 1:
10            led1.on()
11            led2.on()
12            led3.on()
13            sleep(0.1)
14            led1.off()
15            led2.off()
16            led3.off()
17            sleep(0.1)
18
19    except KeyboardInterrupt:
20        pass
21
22    led1.off()
23    led2.off()
24    led3.off()
```

13: 지연시간을 0.1초로 합니다.

17: 지연시간을 0.1초로 합니다.

[실행 결과]

[ ] 눌러 코드를 실행합니다.

LED가 더욱더 빨리 깜빡여 위험을 알리는 경광등처럼 동작합니다.

[결과 동영상]

다음은 작품의 동작 결과 동영상의 유튜브 주소입니다.

https://youtu.be/sEY_IYD4Ezk

학습 목표

LED를 이용하여 신호등을 만들어봅시다. 차량용 신호등과 보행자용 신호등을 만들고 서로 연동하여 동작시켜봅니다.

[준비물]

다음과 같은 부품을 준비합니다.

부품명	수량
브레드보드	1개
LED 빨강	2개
LED 노랑	1개
LED 초록	2개
220옴저항(빨빨검검갈)	5개
암/수 점퍼케이블	6개

[회로 구성]

브레드보드에 다음의 회로를 꾸며 연결합니다.

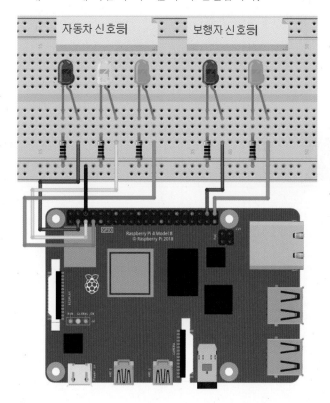

LED의 긴 다리는 라즈베리 파이 GPIO에 아래표를 참조하여 연결합니다. 짧은 다리는 220옴 저항을 통해 GND와 연결합니다.

자동차 신호등 LED 빨강	GPIO 2
자동차 신호등 LED 노랑	GPIO 3
자동차 신호등 LED 초록	GPIO 4
보행자 신호등 LED 빨강	GPIO 20
보행자 신호등 LED 초록	GPIO 21

[라즈베리파이 코드 작성]

아래의 코드를 라즈베리 파이 Thonny python IDE에 작성합니다. [➕]를 클릭하여 새로운 코드를 작성합니다.

코드의 저장은 [myProjects/project_2] 폴더에 [main2.py] 이름으로 저장합니다.

myProjects/project_2/main2.py

```
01    from gpiozero import LED
02    from time import sleep
03
04    carLedRed =2
05    carLedYellow =3
06    carLedGreen =4
07    humanLedRed =20
08    humanLedGreen =21
09
10    carLedRed = LED(2)
11    carLedYellow = LED(3)
12    carLedGreen = LED(4)
13    humanLedRed = LED(20)
14    humanLedGreen = LED(21)
15
16    try:
17        while 1:
18            carLedRed.value =0
19            carLedYellow.value =0
20            carLedGreen.value =1
21            humanLedRed.value =1
22            humanLedGreen.value =0
23            sleep(3.0)
24            carLedRed.value =0
25            carLedYellow.value =1
26            carLedGreen.value =0
27            humanLedRed.value =1
28            humanLedGreen.value =0
29            sleep(1.0)
30            carLedRed.value =1
```

```
31          carLedYellow.value =0
32          carLedGreen.value =0
33          humanLedRed.value =0
34          humanLedGreen.value =1
35          sleep(3.0)
36
37    except KeyboardInterrupt:
38        pass
39
40    carLedRed.value =0
41    carLedYellow.value =0
42    carLedGreen.value =0
43    humanLedRed.value =0
44    humanLedGreen.value =0
```

01 : 'gpiozero' 라이브러리에서 'LED' 클래스를 가져옵니다.

02 : 'time' 라이브러리에서 'sleep' 함수를 가져옵니다.

04-08 : 다양한 LED 핀의 핀 번호를 변수로 정의합니다. 'carLedRed', 'carLedYellow', 'carLedGreen', 'humanLedRed', 'humanLedGreen' 변수에 각각 핀 번호를 할당합니다.

10-14 : 각 LED를 'LED' 클래스의 객체로 초기화합니다. 이 때, 핀 번호를 사용하여 LED 객체를 생성합니다.

16-35 : 무한 루프 ('while 1:')를 시작합니다. 이 루프에서는 아래의 동작을 반복합니다.
- 'carLedRed', 'carLedYellow', 'carLedGreen', 'humanLedRed', 'humanLedGreen'의 값을 조절하여 LED를 켜고 끕니다. 'value' 속성을 사용하여 1(켜짐) 또는 0(꺼짐) 값을 설정합니다.
- 각각의 LED를 제어하는 값에 따라 차량 및 보행자 신호등의 상태가 변경됩니다.
- 'sleep' 함수를 사용하여 LED 상태가 변경된 후 대기 시간을 설정합니다.

37-38 : 사용자가 Ctrl + C 를 누를 때까지 코드를 실행하는 예외 처리 블록입니다. 사용자가 Ctrl + C 를 누르면 루프가 중단되고 코드 실행이 종료됩니다.

40-44 : 코드 실행이 종료되면 모든 LED를 꺼줍니다.

[실행 결과]

[▶]을 눌러 코드를 실행합니다. [myProjects] 폴더로 이동 후 폴더 생성 버튼을 눌러 [project_2] 폴더를 [Create] 버튼을 눌러 생성합니다.

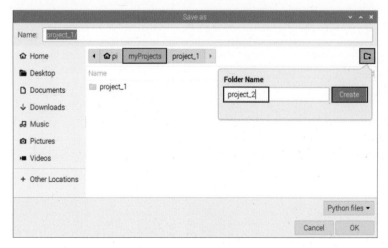

생성된 project_2 폴더에서 main2의 이름을 정한후 [OK] 버튼을 클릭합니다. 파일은 main2.py로
파이썬 파일로 저장됩니다.

40개의 프로젝트를 진행하면서 [project_1~40]의 폴더에 [main1~40]의 파이썬 코드로 저장됩니
다. 폴더명이나 파이썬 파일명은 관리하기 쉽게 임의로 정한 것으로 원하는 대로 변경하여도 동작에
는 전혀 문제가 없습니다.

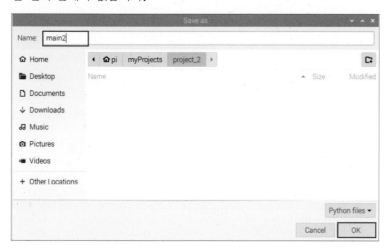

자동차 신호등의 초록색, 노란색 LED가 켜져 있을 때는 보행자 신호등의 빨간색 LED가 켜져있고,
자동차 신호등의 빨간색 LED가 켜져 있을 때는 보행자 신호등의 초록색 LED가 켜져 있습니다.

코드가 동작하지 않을 때는 GPIO 2, 3번 핀에 연결된 자동차 신호등의 빨간색, 노란색 LED가 켜져 있
습니다. 이 핀의 상태는 초기값이 켜져 있는 상태로 크게 신경쓰지 않아도 됩니다. 동작하지 않을 때 켜
져 있으면 안되는 부품 등을 연결할 때는 초기값이 꺼져 있지 않은 포트를 선택하여 사용하면 됩니다.

[라즈베리파이 코드 작성]
동일한 기능을 더욱더 간결한 코드로 변경이 가능합니다.

```
myProjects/project_2/main2-1.py
01    from gpiozero import LEDBoard
02    from time import sleep
03
04    leds = LEDBoard(2,3,4,20,21)
05
06    try:
07        while 1:
08            leds.value = (0,0,1,1,0)
09            sleep(3.0)
10            leds.value = (0,1,0,1,0)
11            sleep(1.0)
12            leds.value = (1,0,0,0,1)
```

```
13          sleep(3.0)
14
15      except KeyboardInterrupt:
16          pass
17
18      leds.off()
```

01 : 'gpiozero' 라이브러리에서 'LEDBoard' 클래스를 가져옵니다.

02 : 'time' 라이브러리에서 'sleep' 함수를 가져옵니다.

04 : 'LEDBoard' 클래스를 사용하여 다수의 LED를 초기화합니다. 'LEDBoard' 클래스는 여러 개의 LED를 하나의 객체로 관리하며, 여기서는 핀 번호 2, 3, 4, 20, 21을 가진 다섯 개의 LED를 초기화합니다.

06-14 : 무한 루프 ('while 1:')를 시작합니다. 이 루프에서는 아래의 동작을 반복합니다.
- 'leds.value'를 설정하여 다섯 개의 LED를 동시에 제어합니다. 각각의 숫자는 해당 LED의 상태를 나타냅니다 (0은 꺼짐, 1은 켜짐).
- LED 상태를 변경한 후에는 'sleep' 함수를 사용하여 대기 시간을 설정합니다.

15-16: 사용자가 Ctrl + C 를 누를 때까지 코드를 실행하는 예외 처리 블록입니다. 사용자가 Ctrl + C 를 누르면 루프가 중단되고 코드 실행이 종료됩니다.

18 : 코드 실행이 종료되면 모든 LED를 끕니다.

[실행 결과]

[▶]을 눌러 코드를 실행합니다.

자동차 신호등의 초록색, 노란색 LED가 켜져 있을 때는 보행자 신호등의 빨간색 LED가 켜져있고, 자동차 신호등의 빨간색 LED가 켜져 있을 때는 보행자 신호등의 초록색 LED가 켜져 있습니다.

앞전 코드와 동일한 동작을 합니다. LEDBoard를 사용하여 코드를 간단하게 변경하였습니다.

[결과 동영상]

다음은 작품의 동작 결과 동영상의 유튜브 주소입니다.

https://youtu.be/Cw3WhRZAaY4

작품 03 ｜ 경찰차 경광등 만들기

학습 목표

차를 타고 운행하다 보면 빨간색, 파란색 LED를 깜빡이며 이동하는 경찰차를 본적이 있을 것입니다. 이번 작품은 경찰차 지붕위에 달린 경광등을 만들어보겠습니다. 스위치를 추가하여 스위치로 경광등을 켜고 끌 수 있게 동작시켜보겠습니다.

위는 경찰차 지붕 위에 달려 있는 경광등 사진입니다

[준비물]

다음과 같은 부품을 준비합니다.

부품명	수량
브레드보드	1개
LED 파랑	1개
LED 빨강	1개
220옴저항(빨빨검검갈)	2개
스위치	1개
암/수 점퍼케이블	5개
수/수 점퍼케이블	1개

[회로 구성]

브레드보드에 다음의 회로를 꾸며 연결합니다.

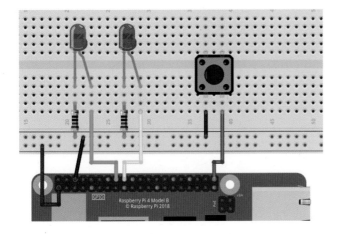

라즈베리 파이의 3.3V핀은 브레드보드의 빨간색 전원 라인에 연결하고, GND핀은 브레드보드의 파란색 전원 라인에 연결합니다.

다음의 표를 참조하여 라즈베리파와 부품을 연결합니다.

LED 파랑	GPIO 23
LED 빨강	GPIO 24
스위치	GPIO 21

[라즈베리파이 코드 작성]

아래의 코드를 라즈베리 파이 Thonny python IDE에 작성합니다.

코드의 저장은 [myProjects/project_3] 폴더에 [main3.py] 이름으로 저장합니다.

myProjects/project_3/main3.py

```
01    from gpiozero import Button
02    from gpiozero import LED
03    from time import sleep
04
05    ledRed = LED(23)
06    ledBlue = LED(24)
07    swPin = Button(21)
08
09    try:
10        while 1:
11            swValue = swPin.is_pressed
12            print(swValue)
13            sleep(0.1)
14
15    except KeyboardInterrupt:
16        pass
```

01~02 : 'gpiozero' 라이브러리에서 'Button'과 'LED' 클래스를 가져옵니다.

03　　: 'time' 라이브러리에서 'sleep' 함수를 가져옵니다.

05　　: 핀 번호 23에 연결된 LED를 'ledRed' 변수에 할당하여 초기화합니다.

06　　: 핀 번호 24에 연결된 LED를 'ledBlue' 변수에 할당하여 초기화합니다.

07　　: 핀 번호 21에 연결된 버튼을 'swPin' 변수에 할당하여 초기화합니다.

10~13 : 무한 루프 ('while 1:')를 시작합니다. 이 루프에서는 아래의 동작을 반복합니다.

　　　　－ 'swPin.is_pressed'를 사용하여 버튼의 상태를 확인하고 'swValue' 변수에 저장합니다.

　　　　－ 버튼의 상태를 콘솔에 출력합니다.

　　　　－ 0.1초 동안 대기합니다.

[실행 결과]

[▶] 눌러 코드를 실행합니다. 스위치를 눌러보면서 Shell 영역에 출력되는 값을 확인합니다. 스위치를 누르지 않으면 False 누를 때 True의 값이 출력됨을 확인할 수 있습니다.

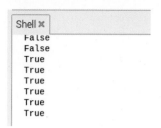

스위치를 누를때만 값이 1이 출력됩니다.

[라즈베리파이 코드 작성]

스위치를 한 번 누르면 1이 유지되고 다시 한 번 누르면 0이 유지되는 코드를 만들어 봅니다.

코드의 저장은 [myProjects/project_3] 폴더에 [main3_1.py] 이름으로 저장합니다.

myProjects/project_3/main3-1.py

```python
01  from gpiozero import Button
02  from gpiozero import LED
03  from time import sleep
04
05  ledRed = LED(23)
06  ledBlue = LED(24)
07  swPin = Button(21)
08
09  swState =0
10
11  try:
12      while 1:
13          swValue = swPin.is_pressed
14          if swValue ==True:
15              if swState ==0:
16                  swState =1
17              else:
18                  swState =0
19              sleep(0.5)
20
21          print(swState)
22          sleep(0.1)
23
24  except KeyboardInterrupt:
25      pass
```

11 : swPin.is_pressed를 사용하여 버튼의 상태를 확인하고 swValue 변수에 저장합니다.

12~13 : 만약 버튼이 눌렸다면 (swValue가 True라면), swState의 값을 토글합니다. 즉, 0이면 1로, 1이면 0으로 변경됩니다.

[실행 결과]

[▶] 눌러 코드를 실행합니다.

스위치를 한 번 누르면 1이 유지되고 다시 한 번 누르면 0이 유지됩니다.

```
Shell
  0
  0
  0
  0
  1
  1
  1
```

[라즈베리파이 코드 작성]

이제 swState 변수의 값을 이용하여 경찰차 경광등을 켜고 꺼봅니다.

아래의 코드를 라즈베리 파이 Thonny python IDE에 작성합니다.

myProjects/project_3/main3-2.py

```python
01    from gpiozero import Button
02    from gpiozero import LED
03    from time import sleep
04
05    ledRed = LED(23)
06    ledBlue = LED(24)
07    swPin = Button(21)
08
09    swState =0
10
11    try:
12        while 1:
13            swValue = swPin.is_pressed
14            if swValue ==True:
15                if swState ==0:
16                    swState =1
17                else:
18                    swState =0
19                sleep(0.5)
20
21            if swState ==1:
22                ledRed.on()
23                ledBlue.off()
24                sleep(0.1)
25                ledRed.off()
26                ledBlue.on()
27                sleep(0.1)
28            else:
```

```
29              ledRed.off()
30              ledBlue.off()
31
32      except KeyboardInterrupt:
33          pass
34
35      ledRed.off()
36      ledBlue.off()
```

21~29: 만약 swState가 1이면 LED를 깜빡이고 swState가 0이면 LED를 끕니다. swState는 버튼을 누르면 상태가 변경됩니다.

[실행 결과]

[ ] 눌러 코드를 실행합니다.

경광등을 스위치로 켜거나 끌수 있습니다.

[결과 동영상]

다음은 작품의 동작 결과 동영상의 유튜브 주소입니다.

https://youtu.be/Cw3WhRZAaY4

LED 스탠드 만들기

학습 목표

스위치를 이용하여 LED의 밝기를 조절할 수 있는 스탠드를 만들어 봅니다.

[준비물]

다음과 같은 부품을 준비합니다.

부품명	수량
브레드보드	1개
LED 흰색	1개
220옴저항(빨빨검검갈)	1개
암/수 점퍼케이블	4개
수/수 점퍼케이블	1개

[회로 구성]

브레드보드에 다음의 회로를 꾸며 연결합니다.

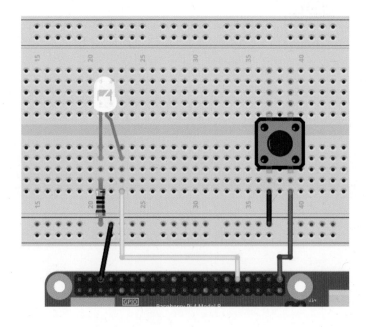

라즈베리 파이의 3.3V핀은 브레드보드의 빨간색 전원 라인에 연결하고, GND핀은 브레드보드의 파란색 전원 라인에 연결합니다.

다음의 표를 참조하여 라즈베리파와 부품을 연결합니다.

LED 흰색	GPIO12
스위치	GPIO 21

[라즈베리파이 코드 작성]

GPIOZero 라이브러리를 사용하여 PWM 신호를 생성하여 LED의 밝기를 변경하는 코드를 작성합니다.

아래의 코드를 라즈베리 파이 Thonny python IDE에 작성합니다. 코드의 저장은 [myProjects/project_4] 폴더에 [main4.py] 이름으로 저장합니다.

---

myProjects/project_4/main4.py

```
01    from gpiozero import PWMLED
02    from time import sleep
03
04    led_white = PWMLED(12)
05
06    try:
07        while True:
08            led_white.value =0
09            print("duty:0")
10            sleep(2)
11            led_white.value =0.3
12            print("duty:30")
13            sleep(2)
14            led_white.value =0.6
15            print("duty:60")
16            sleep(2)
17            led_white.value =1
18            print("duty:100")
19            sleep(2)
20
21    except KeyboardInterrupt:
22        pass
23
24    led_white.value =0
```

01: 'gpiozero' 라이브러리에서 'PWMLED' 클래스를 가져옵니다.
04: GPIO 핀 12를 사용하여 'led_white'라는 PWMLED 객체를 생성합니다.
07: 루프 시작.
08: LED를 꺼서 밝기를 0으로 설정합니다.
09: "duty:0"를 출력합니다. (LED 밝기가 0임을 나타냄)
10: 2초 동안 대기합니다.
11: LED를 0.3으로 설정하여 밝기를 30%로 올립니다.
12: "duty:30"를 출력합니다.

[실행 결과]

[▶] 눌러 코드를 실행합니다.

LED가 0% -〉 30% -〉 60% -〉 100%의 밝기로 2초마다 변경됩니다.

[라즈베리파이 코드 작성]

이제 스위치를 이용하여 스위치를 한 번 누를 때마다 LED의 밝기를 0% -〉 30% -〉 60% -〉 100%
의 밝기로 조절하여 스탠드를 완성하여봅니다.

myProjects/project_4/main4-1.py

```python
01    from gpiozero import PWMLED,Button
02    from time import sleep
03
04    led_white = PWMLED(12)
05    swPin = Button(21)
06
07    swState =0
08
09    newSw =0
10    oldSw =0
11
12    def swOn():
13        global newSw
14        global oldSw
15        newSw = swPin.is_pressed
16
17        if newSw != oldSw:
18            oldSw = newSw
19            if newSw ==1:
20                return 1
21
22        return 0
23
24    try:
25        while True:
26            if swOn() ==1:
27                swState = swState +1
28                if swState >=4:
29                    swState =0
30                sleep(0.2)
31
32                print(swState)
33
34                if swState ==0:
35                    led_white.value =0
```

```
36              print("duty:0")
37          elif swState ==1:
38              led_white.value =0.3
39              print("duty:30")
40          elif swState ==2:
41              led_white.value =0.6
42              print("duty:60")
43          elif swState ==3:
44              led_white.value =1.0
45              print("duty:100")
46
47      except KeyboardInterrupt:
48          pass
49
50      led_white.value =0
```

01 : 'gpiozero' 라이브러리에서 'PWMLED'와 'Button' 클래스를 가져옵니다.

05 : GPIO 핀 21을 사용하여 'swPin'이라는 Button 객체를 생성합니다.

06 : 'swState' 변수를 0으로 초기화합니다.

09~11 : 'newSw'와 'oldSw' 변수를 초기화합니다.

12~22 : 'swOn' 함수를 정의합니다. 이 함수는 버튼 상태를 감지하고 버튼이 눌렸을 때 값을 반환합니다.

13~15 : 'newSw' 변수에 현재 버튼 상태를 저장합니다.

17~22 : 새로운 버튼 상태가 이전 상태와 다를 때, 버튼이 눌린 상태(1)인 경우 1을 반환합니다.

34~46 : 'swState'에 따라 LED의 밝기를 설정하고 "duty:0", "duty:30", "duty:60", "duty:100"을 출력합니다.

[실행 설명]

[▶] 눌러 코드를 실행합니다.

스위치를 한 번 누를 때마다 swState변수의 값을 변경합니다. swState 변수의 값에 따라서 LED의 듀티사이클을 조절하여 밝기를 조절합니다. 즉 스위치를 한 번 누를 때마다 LED의 밝기를 0% -> 30% -> 60% -> 100%로 조절하여 LED의 밝기를 조절하는 스탠드를 만들었습니다.

[결과 동영상]

다음은 작품의 동작 결과 동영상의 유튜브 주소입니다.

https://youtu.be/ZJFAJ4knfOM

작품 05 ‖ 어두워지면 자동으로 켜지는 전등 만들기

학습 목표

밝기를 감지할 수 있는 CDS센서를 이용하여 어두워지면 자동으로 켜지는 LED를 만들어봅시다.

[설정하기]

CDS센서는 밝기에 따라 저항값이 변하는 소자입니다.. CDS센서와 기준이되는 기준저항을 이용하면 저항의 변화를 전압의 변화로 바꿀수 있습니다. 변화된 전압값을 라즈베리 파이에서 읽어 밝기를 감지하여봅니다. 하지만 라즈베리 파이에서는 직접 전압값을 읽을 수 없습니다. 그렇기 때문에 MCP3208과 전압을 읽어 통신으로 데이터를 보내주는 소자를 이용하여 전압을 읽어봅니다. MCP3208 IC는 SPI통신을 사용합니다.

라즈베리 파이에서 SPI통신을 활성화 하기 위해서 아래와 같이 설정합니다.

[Preferences] -> [Raspberry Pi Configuration]을 클릭합니다.

[Interdaces] 탭에서 SPI를 Enabled 하고 [OK] 버튼을 눌러 SPI통신을 활성화 합니다.

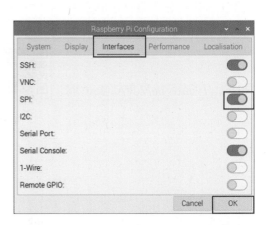

[준비물]

다음과 같은 부품을 준비합니다.

부품명	수량
브레드보드	1개
LED 흰색	1개
220옴저항(빨빨검검갈)	1개
10k옴저항(갈빨검검갈)	1개
MCP3208	1개
CDS조도센서	1개
암/수 점퍼케이블	7개
수/수 점퍼케이블	5개

[회로 구성]

브레드보드에 다음의 회로를 꾸며 연결합니다.

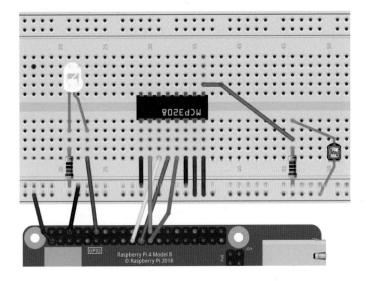

다음의 표를 참조하여 라즈베리 파이와 MCP3208을 연결합니다.

라즈베리 파이	MCP3208
3.3V	16번 VDD
3.3V	15번 VREF
GND	14번 AGND
GPIO11 (SCK)	13번 CLK
GPIO9 (MISO)	12번 DOUT
GPIO10 (MOSI)	11번 DIN
GPIO8	10번 CS
GND	9번 DGND

CDS조도센서와 10K옴(갈빨검검갈)저항과 연결된 부분은 MCP3208의 1번 핀에 연결합니다.

흰색 LED의 긴 다리는 라즈베리 파이의 GPIO18번에 연결합니다.

MCP3208의 핀번호는 아래와 같다. 라즈베리 파이와 통신하기 위해서 10~13번의 4개의 핀을 사용하여 SPI통신을 합니다.

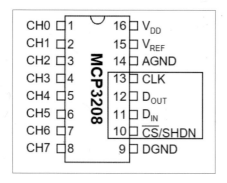

[라즈베리파이 코드 작성]

다음의 코드를 작성하여 조도센서의 값을 입력받아봅니다.

아래의 코드를 라즈베리 파이 Thonny python IDE에 작성합니다. 코드의 저장은 [myProjects/project_5] 폴더에 [main5.py] 이름으로 저장합니다.

```
myProjects/project_5/main5.py

01    from gpiozero import MCP3208
02    import time
03
04    cds = MCP3208(channel=0)
05
06    try:
07        while 1:
08            cds_value = cds.value *100
09            print(cds_value)
10            time.sleep(0.2)
11
12    except KeyboardInterrupt:
13        pass
```

01: 'gpiozero' 라이브러리에서 'MCP3208' 클래스를 가져옵니다.

04: 'MCP3208' 클래스를 사용하여 CDS를 연결한 ADC 칩의 채널 0을 사용하는 'cds' 객체를 생성합니다.

08: 'cds' 객체의 'value' 속성을 읽어서 CDS의 값을 0에서 100 사이의 값으로 변환합니다.

09: 변환된 CDS 값인 'cds_value'를 출력합니다.

[실행 결과]

[▶] 눌러 코드를 실행합니다.

CDS 센서를 사용하여 조도 값을 측정하고 0에서 100 사이의 값으로 변환한 후 출력합니다.

값의 범위가 0~100으로 변합니다.

CDS조도센서를 밝은곳에 둡니다. 센서가 밝을 때 100가까운 값이 출력됩니다.

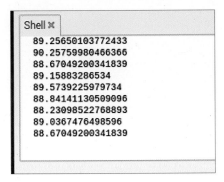

센서를 손으로 가려 어두울 때 50 아래의 값이 출력됩니다.

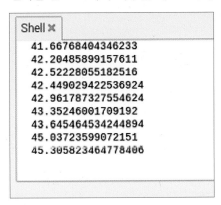

[라즈베리파이 코드 작성]

값의 범위는 장소에 따라 틀려지므로 밝을 때는 값이 크고 어두울때는 값이 작아진다고 판단하면 됩니다. 이제 값을 판단하여 어두울 때 자동으로 LED가 켜지게 합니다.

아래의 코드를 라즈베리 파이 Thonny python IDE에 작성합니다. 코드의 저장은 [myProjects/project_5] 폴더에 [main5-1.py] 이름으로 저장합니다.

```python
01    from gpiozero import LED,MCP3208
02    import time
03
04    led_white = LED(18)
05    cds = MCP3208(channel=0)
06
07    try:
08        while 1:
09            cds_value = cds.value *100
10            print(cds_value)
11
12            if cds_value <50:
13                led_white.on()
14            else:
15                led_white.off()
16
17            time.sleep(0.2)
18
19
20    except KeyboardInterrupt:
21        pass
22
23    led_white.off()
```

12~15: 만약 'cds_value'가 50보다 작으면, LED를 켭니다 ('led_white.on()'), 그렇지 않으면 LED를 끕니다 ('led_white.off()').

[실행 결과]

[] 눌러 코드를 실행합니다.

CDS 센서로 측정한 조도 값을 기준으로 LED를 켜고 끕니다. CDS 값이 50 미만인 경우 LED를 켜고, 그 이상인 경우 LED를 끕니다.

[결과 동영상]

다음은 작품의 동작 결과 동영상의 유튜브 주소입니다.

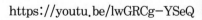

https://youtu.be/lwGRCg-YSeQ

가스/연기 감지기 만들기

학습 목표

MQ-2가스/연기감지센서를 이용하여 가스/연기를 감지하고 감지되면 부저를 울려 위험을 알리는 장치를 만들어보겠습니다. MQ-2가스센서는 담배연기, 연료용 LPG/LGNG, 부탄, 메탄, 알코올 등을 감지할 수 있는 센서입니다.

[준비물]

다음과 같은 부품을 준비합니다.

부품명	수량
브레드부드	1개
능동부저(스티기 붙이있음)	1개
MQ-2가스감지 모듈	1개
MCP3208	1개
암/수 점퍼케이블	7개
수/수 점퍼케이블	8개

[회로 구성]

브레드보드에 다음의 회로를 꾸며 연결합니다.

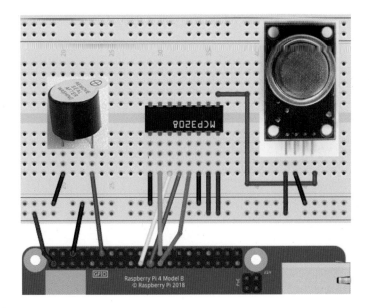

다음의 표를 참조하여 라즈베리 파이와 MCP3208을 연결합니다.

라즈베리 파이	MCP3208
3.3V	16번 VDD
3.3V	15번 VREF.
GND	14번 AGND
GPIO11 (SCK)	13번 CLK
GPIO9 (MISO)	12번 DOUT
GPIO10 (MOSI)	11번 DIN
GPIO8	10번 CS
GND	9번 DGND

MQ-2가스센서의 AO(AOUT)핀과 연결된 부분은 MCP3208의 1번 핀에 연결합니다.

능동부저(스티커붙어있음)의 +는 라즈베리 파이의 GPIO18번 핀에 연결합니다.

[라즈베리파이 코드 작성]

MCP3208 ADC (Analog-to-Digital Converter) 칩을 사용하여 가스 센서 값을 읽고 출력하는 코드를 작성합니다. 아래의 코드를 라즈베리 파이 Thonny python IDE에 작성합니다. 코드의 저장은 [myProjects/project_6] 폴더에 [main6.py] 이름으로 저장합니다.

```
myProjects/project_6/main6.py

01    from gpiozero import MCP3208
02    import time
03
04    gas = MCP3208(channel=0)
05
06    try:
07        while 1:
08            gasValue = gas.value *100
09            print(gasValue)
10
11            time.sleep(0.2)
12
13
14    except KeyboardInterrupt:
15        pass
```

01: 'gpiozero' 라이브러리에서 'MCP3208' 클래스를 가져옵니다.

04: 'MCP3208' 클래스를 사용하여 가스 센서를 연결한 ADC 칩의 채널 0을 사용하는 'gas' 객체를 생성합니다.

08: 'gas' 객체의 'value' 속성을 읽어서 가스 센서의 값을 0에서 100 사이의 값으로 변환하여 'gasValue' 변수에 저장합니다.

09: 'gasValue'를 출력합니다.

이 코드는 가스 센서로 측정한 값을 0에서 100 사이의 값으로 변환하고 출력합니다. 무한 루프를 사용하여 가스 센서 값을 주기적으로 읽고 출력하며, 사용자가 프로그램을 중지하면 예외를 처리하고 종료됩니다.

[실행 결과]

[▶] 눌러 코드를 실행합니다.

평상시에 출력되는 값입니다. 환경에 따라 틀리지만 대체로 10미만의 값이 출력됩니다.

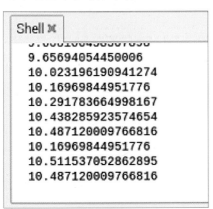

```
Shell ✕
7.947741327774505
8.020998657062627
7.972164570870466
7.923330484678304
7.923330484678304
7.923330484678304
7.8500793553900605
7.923330484678304
7.923330484678304
7.8500793553900605
```

라이타를 이용하여 가스를 보내주면 값이 천천히 증가합니다. 센서가 빠른 응답성을 가진 센서가 아니라 천천히 증가합니다.

```
Shell ✕
9.888100498507050
9.65694054450006
10.023196190941274
10.16969844951776
10.291783664998167
10.438285923574654
10.487120009766816
10.16969844951776
10.511537052862895
10.487120009766816
```

10이상의 값이 측정이 되면 가스를 감지한 것으로 판단하여 부저를 울리는 코드를 만들어 봅니다. 10이상의 값은 내가 있는 환경의 값으로 측정하는 위치마다 틀릴 수 있으므로 평상시와 가스가 검출될 때를 확인하여 10의 값은 수정하도록 합니다.

[라즈베리파이 코드 작성]

코드의 저장은 [myProjects/project_6] 폴더에 [main6-1.py] 이름으로 저장합니다.

myProjects/project_6/main6-1.py

```
01    from gpiozero import Buzzer,MCP3208
02    import time
03
04    bz = Buzzer(18)
05    gas = MCP3208(channel=0)
06
07    try:
08        while 1:
09            gasValue = gas.value *100
10            print(gasValue)
11            if gasValue >=10:
12                bz.on()
13            else:
14                bz.off()
15
16            time.sleep(0.2)
17
18
19    except KeyboardInterrupt:
20        pass
21
22    bz.off()
```

11~14: 만약 gasValue가 10 이상이면 부저를 켭니다 (bz.on()). 그렇지 않으면 부저를 끕니다 (bz.off()).

[실행 결과]

[▶] 눌러 코드를 실행합니다.

센서에서 가스가 검출이 되면 부저가 울립니다.

[결과 동영상]

다음은 작품의 동작 결과 동영상의 유튜브 주소입니다.

https://youtu.be/UsKEvsahoo4

피아노 만들기

학습 목표

스위치와 피에조부저를 이용하여 스위치를 누르면 각각의 음계가 출력되는 전자피아노를 만들어 봅니다.

[준비물]

다음과 같은 부품을 준비합니다.

부품명	수량
브레드보드	1개
버튼	5개
피에조부저(스티커X)	1개
수/수 점퍼케이블	6개
암/수 점퍼케이블	8개

[회로 구성]

브레드보드에 다음의 회로를 꾸며 연결합니다.

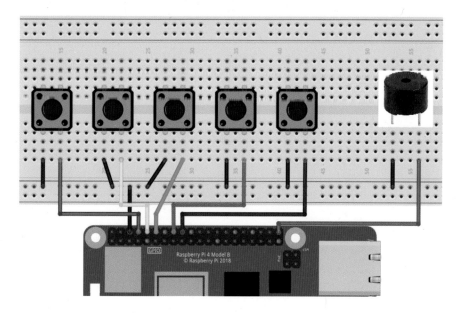

스위치의 한쪽은 GND와 연결합니다. 스위치는 왼쪽부터 오른쪽 방향으로 각각 GPIO14, GPIO15, GPIO18, GPIO 23, GPIO 24에 연결합니다.

피에조부저의 −는 GND와 +는 라즈베리 파이의 GPIO 21번 핀에 연결합니다.

[라즈베리파이 코드 작성]

피에조부저를 동작시키는 코드를 작성해봅니다.

```
myProjects/project_7/main7.py
01    from gpiozero import TonalBuzzer
02    import time
03
04    piezo = TonalBuzzer(21)
05
06    try:
07        while True:
08            piezo.play(261.6)
09            time.sleep(1.0)
10            piezo.play(293.6)
11            time.sleep(1.0)
12            piezo.play(329.6)
13            time.sleep(1.0)
14            piezo.play(349.2)
15            time.sleep(1.0)
16            piezo.play(391.9)
17            time.sleep(1.0)
18            piezo.stop()
19            time.sleep(1.0)
20
21    except KeyboardInterrupt:
22        pass
```

01 : 'gpiozero' 라이브러리에서 'TonalBuzzer' 클래스를 가져옵니다.

04 : GPIO 핀 21을 사용하여 'piezo'라는 TonalBuzzer 객체를 생성합니다.

08 : 'piezo.play(261.6)'를 호출하여 261.6Hz의 음을 재생합니다.

09 : 1.0초 동안 대기합니다.

10~15 : 위의 단계를 반복하여 다른 주파수의 음을 재생합니다.

18 : 'piezo.stop()'을 호출하여 음을 정지합니다.

19 : 1.0초 동안 대기합니다.

[실행 결과]

[▶] 눌러 코드를 실행합니다.

도, 레, 미, 파, 솔의 음계가 1초마다 반복적으로 출력됩니다.

피에조부저는 주파수에 따라서 떨림을 하는 소자입니다.

아래 주파수에 따른 음계표를 확인하면 빨간색 네모칸의 4옥타브 부분의 도, 레, 미, 파, 솔 음계의

주파수를 출력하여 피에조부저에서 소리를 출력하게 하였습니다

음계 \ 옥타브	1	2	3	4	5	6	7	8
								(단위 : Hz)
C(도)	32.7032	65.4064	130.8128	261.6256	523.2511	1046.502	2093.005	4186.009
C#	34.6478	69.2957	138.5913	277.1826	554.3653	1108.731	2217.461	4434.922
D(레)	36.7081	73.4162	146.8324	293.6648	587.3295	1174.659	2349.318	4698.636
D#	38.8909	77.7817	155.5635	311.1270	622.2540	1244.508	2489.016	4978.032
E(미)	41.2034	82.4069	164.8138	329.6276	659.2551	1318.510	2637.020	5274.041
F(파)	43.6535	87.3071	174.6141	349.2282	698.4565	1396.913	2793.826	5587.652
F#	46.2493	92.4986	184.9972	369.9944	739.9888	1479.978	2959.955	5919.911
G(솔)	48.9994	97.9989	195.9977	391.9954	783.9909	1567.982	3135.963	6271.927
G#	51.9130	103.8262	207.6523	415.3047	830.6094	1661.219	3322.438	6644.875
A(라)	55.0000	110.0000	220.0000	440.0000	880.0000	1760.000	3520.000	7040.000
A#	58.2705	116.5409	233.0819	466.1638	932.3275	1864.655	3729.310	7458.620
B(시)	61.7354	123.4708	246.9417	493.8833	987.7666	1975.533	3951.066	7902.133

♠ 주파수 음계표

[라즈베리파이 코드 작성]

GPIO 핀에 연결된 다섯 개의 버튼을 모니터링하고, 각 버튼의 상태를 확인하여 해당하는 메시지를 출력하는 코드를 작성해봅니다.

myProjects/project_7/main7-1.py

```
01    from gpiozero import Button
02    import time
03
04    sw1 = Button(14)
05    sw2 = Button(15)
06    sw3 = Button(18)
07    sw4 = Button(23)
08    sw5 = Button(24)
09
10    try:
11        while 1:
12            if sw1.is_pressed:
13                print("sw1")
14            elif sw2.is_pressed:
15                print("sw2")
16            elif sw3.is_pressed:
17                print("sw3")
18            elif sw4.is_pressed:
19                print("sw4")
20            elif sw5.is_pressed:
21                print("sw5")
22            else:
23                pass
```

```
24
25              time.sleep(0.1)
26
27      except KeyboardInterrupt:
28          pass
```

01 : 'gpiozero' 라이브러리에서 'Button' 클래스를 가져옵니다.

04~08 : 다섯 개의 버튼을 각각 다른 GPIO 핀에 연결하여 'sw1', 'sw2', 'sw3', 'sw4', 'sw5' 버튼 객체를 생성합니다.

11~23 : 무한 루프('while 1') 내에서 다섯 개의 버튼 상태를 모니터링하고, 해당하는 버튼이 눌렸을 때 메시지를 출력합니다. 각 버튼의 상태를 확인하여 해당하는 메시지를 출력합니다. 만약 어떤 버튼도 눌리지 않았을 때는 'pass' 문을 사용하여 아무 동작도 하지 않습니다.

[실행 결과]

[▶] 눌러 코드를 실행합니다.

왼쪽부터 스위치를 눌러 sw1~sw5가 shell 화면에 출력되는지 확인합니다.

[라즈베리파이 코드 작성]

이제 스위치 코드와 부저 코드를 합쳐 피아노를 완성시켜 봅니다.

myProjects/project_7/main7-2.py

```
01      from gpiozero import Button,TonalBuzzer
02      import time
03
04      piezo = TonalBuzzer(21)
05
06      sw1 = Button(14)
07      sw2 = Button(15)
08      sw3 = Button(18)
09      sw4 = Button(23)
10      sw5 = Button(24)
11
12      try:
13          while 1:
14              if sw1.is_pressed:
15                  piezo.play(261.6)
```

```
16          elif sw2.is_pressed:
17              piezo.play(293.6)
18          elif sw3.is_pressed:
19              piezo.play(329.6)
20          elif sw4.is_pressed:
21              piezo.play(349.2)
22          elif sw5.is_pressed:
23              piezo.play(391.9)
24          else:
25              piezo.stop()
26
27          time.sleep(0.1)
28
29      except KeyboardInterrupt:
30          pass
```

13~25: 무한 루프('while 1') 내에서 다섯 개의 버튼 상태를 모니터링하고, 각 버튼이 눌렸을 때 해당하는 수파수의 음을 새 생하며, 버튼이 눌리지 않으면 음을 정지합니다. 각 버튼의 상태를 확인하여 해닝아는 쭈파수의 음을 째생비기니 음을 정지합니다.

[실행 결과]

[▶] 눌러 코드를 실행합니다.
버튼을 눌러 "도레미파솔"의 음계가 출력되는 것을 확인합니다.

[겵가 동연상]

다음은 작품의 동작 결과 동영상의 유튜브 주소입니다.

https://youtu.be/OVrqVHNGiWk

초음파센서를 이용한 피아노 만들기

학습 목표

초음파센서를 이용하여 거리를 측정하고 거리에 따라 피아노의 음계를 다르게 출력하여 거리에 따라 동작하는
초음파센서 피아노를 만들어 봅니다.

[준비물]

다음과 같은 부품을 준비합니다.

부품명	수량
브레드보드	1개
초음파센서	1개
피에조부저(스티커X)	1개
수/수 점퍼케이블	3개
암/수 점퍼케이블	5개

[회로 구성]

브레드보드에 다음의 회로를 꾸며 연결합니다.

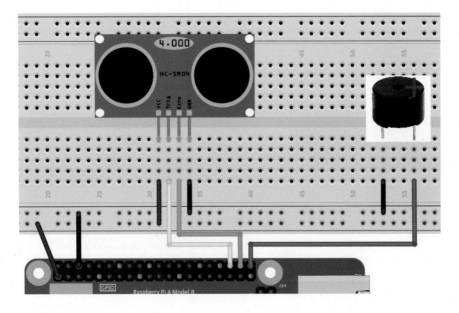

초음파센서의 Trig핀은 GPIO16, ECHO핀은 GPIO 20번 핀에 연결합니다.

피에조부저의 +는 GPIO 21에 연결합니다.

[라즈베리파이 코드 작성]

초음파센서를 동작시키는 코드를 만들어 봅니다.

```
myProjects/project_8/main8.py
01    from gpiozero import DistanceSensor
02    from time import sleep
03
04    sensor = DistanceSensor(echo=20, trigger=16)
05    try:
06        while True:
07            distanceCm = sensor.distance *100
08            print('cm: ', distanceCm)
09            sleep(0.5)
10
11    except KeyboardInterrupt:
12        pass
```

01: 'gpiozero' 라이브러리에서 'DistanceSensor' 클래스를 가져옵니다.

04: 'DistanceSensor' 클래스를 사용하여 거리 센서를 설정합니다. 'echo' 핀은 GPIO 핀 20에 연결되고 'trigger' 핀은 GPIO 핀 16에 연결됩니다.

07: 'sensor' 객체의 'distance' 속성을 읽어서 거리 값을 가져옵니다. 'distance' 값은 물체와의 거리를 나타냅니다. 여기서는 센티미터(cm)로 표시하기 위해 100을 곱합니다.

08: 거리 값을 출력합니다.

[실행 결과]

[▶] 눌러 코드를 실행합니다.

초음파센서를 손바닥으로 가려 Shell 영역을 확인합니다. 거리에 따라 값이 바뀌는지 확인하여봅니다. 값이 측정되지 않았을 때는 100.0이 출력됩니다.

```
Shell ✕
  cm:  14.61769276848099
  cm:  12.483765477247289
  cm:  10.148361744599242
  cm:  10.387991560792216
  cm:  11.037645434691512
  cm:  14.985118289223465
  cm:  100.0
  cm:  100.0
  cm:  100.0
```

[라즈베리파이 코드 작성]

거리에 따라 조건문을 추가하여 동작시켜봅니다.

myProjects/project_8/main8-1.py

```python
01    from gpiozero import DistanceSensor
02    from time import sleep
03
04    sensor = DistanceSensor(echo=20, trigger=16)
05
06    try:
07        while True:
08            distanceCm = sensor.distance *100
09            if (distanceCm >=0) and (distanceCm<10):
10                print("do")
11            elif (distanceCm >=10) and (distanceCm<13):
12                print("le")
13            elif (distanceCm >=13) and (distanceCm<16):
14                print("mi")
15            elif (distanceCm >=16) and (distanceCm<19):
16                print("fa")
17            elif (distanceCm >=19) and (distanceCm<22):
18                print("sol")
19            elif (distanceCm >=22) and (distanceCm<25):
20                print("la")
21            elif (distanceCm >=25) and (distanceCm<28):
22                print("si")
23            elif (distanceCm >=28) and (distanceCm<31):
24                print("5oc do")
25            else:
26                print("no")
27
28            print("cm:",distanceCm)
29            sleep(0.5)
30
31    except KeyboardInterrupt:
32        pass
```

08 : 'sensor' 객체의 'distance' 속성을 읽어서 거리 값을 가져옵니다. 'distance' 값은 물체와의 거리를 나타냅니다. 여기서는 센티미터(cm)로 표시하기 위해 100을 곱합니다.

09~25: 거리 값을 기반으로 음계를 출력합니다.

[실행 결과]

[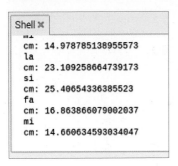] 눌러 코드를 실행합니다.

초음파센서의 거리에 따라 do, le, mi, fa, sol, la, si, 5oc do, no가 출력되는지 확인하여봅니다.

```
Shell ×
 mi
 cm: 14.978785138955573
 la
 cm: 23.109258664739173
 si
 cm: 25.40654336385523
 fa
 cm: 16.863866079002037
 mi
 cm: 14.660634593034047
```

[라즈베리파이 코드 작성]

이제 부저의 코드를 넣어 초음파 피아노를 완성시켜 봅니다.

---

myProjects/project_8/main8-2.py

```python
01    from gpiozero import DistanceSensor,TonalBuzzer
02    from time import sleep
03
04    piezo = TonalBuzzer(21)
05
06    sensor = DistanceSensor(echo=20, trigger=16)
07
08    try:
09        while True:
10            distanceCm = sensor.distance *100
11            if (distanceCm >=0) and (distanceCm<10):
12                print( "do" )
13                piezo.play(261.6)
14            elif (distanceCm >=10) and (distanceCm<13):
15                print( "le" )
16                piezo.play(293.6)
17            elif (distanceCm >=13) and (distanceCm<16):
18                print( "mi" )
19                piezo.play(329.6)
20            elif (distanceCm >=16) and (distanceCm<19):
21                print( "fa" )
22                piezo.play(349.2)
23            elif (distanceCm >=19) and (distanceCm<22):
24                print( "sol" )
25                piezo.play(391.9)
26            elif (distanceCm >=22) and (distanceCm<25):
27                print( "la" )
```

```
28              piezo.play(440.0)
29          elif (distanceCm >=25) and (distanceCm<28):
30              print("si")
31              piezo.play(493.9)
32          elif (distanceCm >=28) and (distanceCm<31):
33              print("5oc do")
34              piezo.play(523.0)
35          else:
36              print("no")
37              piezo.stop()
38
39          print("cm: ",distanceCm)
40          sleep(0.5)
41
42  except KeyboardInterrupt:
43      pass
```

10 : 'sensor' 객체의 'distance' 속성을 읽어서 거리 값을 가져옵니다. 'distance' 값은 물체와의 거리를 나타냅니다. 여기서는 센티미터(cm)로 표시하기 위해 100을 곱합니다.

11-35 : 거리 값을 기반으로 음계와 함께 메시지를 출력합니다. 거리 범위에 따라 "도", "레", "미", "파", "솔", "라", "시", "5옥타브 도" 또는 "아무 소리 없음"을 출력하며, 동시에 'piezo.play()' 메서드를 사용하여 해당 주파수의 음을 재생합니다.

37 : 거리 값이 범위를 벗어나면 'piezo.stop()'을 호출하여 음을 정지합니다.

[실행 결과]

[▶] 눌러 코드를 실행합니다.
초음파센서의 거리에 따라서 피아노가 동작합니다.

[결과 동영상]

다음은 작품의 동작 결과 동영상의 유튜브 주소입니다.

https://youtu.be/WK07uwLHx2M

| # 가속도 자이로센서를 이용한 도난 방지기 만들기

학습 목표

MPU6050 가속도 자이로센서를 사용하여 충격을 감지하고 충격 감지 시 알림을 울리는 도난방지기를 만들어 봅니다.

[준비물]

다음과 같은 부품을 준비합니다.

부품명	수량
브레드보드	1개
가속도자이로센서	1개
부저(스티커O)	1개
수/수 점퍼케이블	3개
암/수 점퍼케이블	4개

[회로 구성]

브레드보드에 다음의 회로를 꾸며 연결합니다.

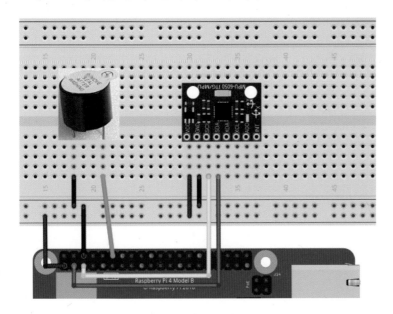

MPU6050 가속도 자이로센서의 SDA는 GPIO 2, SCL은 GPIO3번에 연결합니다.

부저의 +는 GPIO18번에 연결합니다.

MPU6050 가속도 자이로센서는 I2C 통신을 사용하여 데이터를 얻을 수 있습니다. 라즈베리 파이에서 I2C 통신을 사용하기 위해서 I2C 통신 기능을 활성화 시켜야합니다.

[라즈베리 파이아이콘] -> [Preferences] -> [Raspberry Pi Configuration]을 클릭합니다.

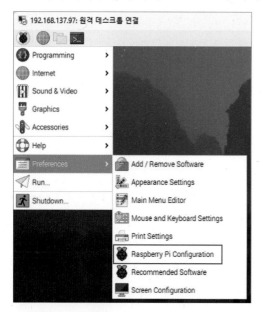

[Interfaces] 탭으로 이동 후 I2C 옵션에 [Enabled]에 체크 후 [OK] 버튼을 눌러 저장합니다.

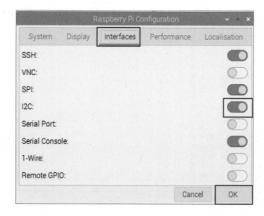

[라즈베리파이 코드 작성]

MPU6050 가속도 자이로센서의 값을 받아봅니다. 아래의 코드를 작성합니다.

```
myProjects/project_9/main9.py
01    import smbus
02    import time
03
04    PWR_MGMT_1 =0x6B
05    SMPLRT_DIV =0x19
06    CONFIG =0x1A
07    GYRO_CONFIG =0x1B
08    INT_ENABLE =0x38
09    ACCEL_XOUT_H =0x3B
10    ACCEL_YOUT_H =0x3D
11    ACCEL_ZOUT_H =0x3F
12    GYRO_XOUT_H =0x43
13    GYRO_YOUT_H =0x45
14    GYRO_ZOUT_H =0x47
15
16    bus = smbus.SMBus(1)
17    Device_Address =0x68
18
19    def MPU_Init():
20        bus.write_byte_data(Device_Address, SMPLRT_DIV, 7)
21        bus.write_byte_data(Device_Address, PWR_MGMT_1, 1)
22        bus.write_byte_data(Device_Address, CONFIG, 0)
23        bus.write_byte_data(Device_Address, GYRO_CONFIG, 24)
24        bus.write_byte_data(Device_Address, INT_ENABLE, 1)
25
26    def read_raw_data(addr):
27        high = bus.read_byte_data(Device_Address, addr)
28        low = bus.read_byte_data(Device_Address, addr+1)
29        value = ((high <<8) | low)
30
31        if(value >32768):
32            value = value -65536
33
34        return value
35
36    try:
37        MPU_Init()
38        while True:
39            acc_x = read_raw_data(ACCEL_XOUT_H)
40            acc_y = read_raw_data(ACCEL_YOUT_H)
41            acc_z = read_raw_data(ACCEL_ZOUT_H)
42
```

```
43          gyro_x = read_raw_data(GYRO_XOUT_H)
44          gyro_y = read_raw_data(GYRO_YOUT_H)
45          gyro_z = read_raw_data(GYRO_ZOUT_H)
46
47          Ax = acc_x/16384.0
48          Ay = acc_y/16384.0
49          Az = acc_z/16384.0
50
51          Gx = gyro_x/131.0
52          Gy = gyro_y/131.0
53          Gz = gyro_z/131.0
54
55          print(Ax,Ay,Az,Gx,Gy,Gz)
56          time.sleep(1.0)
57
58     except KeyboardInterrupt:
59          pass
```

19~24 : 가속도센서를 초기화하는 함수입니다

26~34 : 가속도센서의 값을 읽는 함수입니다.

39~31 : 가속도값을 읽습니다

43~45 : 자이로값을 읽습니다

47~49 : 원시 값을 감도 스케일 팩터로 나누어 가속도 값을 얻습니다

51~53 : 자이로 값을 중력 가속도 값으로 나누어 자이로 값을 얻습니다.

55　　　 : 가속도 자이로 값을 출력합니다.

[실행 결과]

[▶] 눌러 코드를 실행합니다.

센서를 흔들어서 값이 변하는지 확인합니다.

가속도 x, y, z 자이로 x, y, z 순으로 출력됩니다.

```
Shell
Python 3.7.3 (/usr/bin/python3)
>>> %Run main9.py
  -0.04150390625 0.281982421875 1.14697265625 0.2366412213740458 -0.12213740458015267 -0.06870229007633588
  -0.0412597656250 0.281982421875 1.15283203125 0.2595419847328244 -0.14503816793809313 -0.05343511450381679
  -0.067138671875 0.343994140625 1.51953125 4.1679389312977095 -0.21374045801526717 0.6641221374045801
   0.010009765625 0.283935546875 1.158935546875 0.68702290076333588 0.816793893129771 0.7862595419847328
```

[라즈베리파이 코드 작성]

이제 센서의 가속도 x축만을 사용하여 움직이면 있으면 특정 조건을 실행하는 코드를 만들어 봅니다.

myProjects/project_9/main9-1.py

```
01    import smbus
02    import time
03
04    PWR_MGMT_1 =0x6B
05    SMPLRT_DIV =0x19
06    CONFIG =0x1A
07    GYRO_CONFIG =0x1B
08    INT_ENABLE =0x38
09    ACCEL_XOUT_H =0x3B
10    ACCEL_YOUT_H =0x3D
11    ACCEL_ZOUT_H =0x3F
12    GYRO_XOUT_H =0x43
13    GYRO_YOUT_H =0x45
14    GYRO_ZOUT_H =0x47
15
16    bus = smbus.SMBus(1)
17    Device_Address =0x68
18
19    def MPU_Init():
20        bus.write_byte_data(Device_Address, SMPLRT_DIV, 7)
21        bus.write_byte_data(Device_Address, PWR_MGMT_1, 1)
22        bus.write_byte_data(Device_Address, CONFIG, 0)
23        bus.write_byte_data(Device_Address, GYRO_CONFIG, 24)
24        bus.write_byte_data(Device_Address, INT_ENABLE, 1)
25
26    def read_raw_data(addr):
27        high = bus.read_byte_data(Device_Address, addr)
28        low = bus.read_byte_data(Device_Address, addr+1)
29        value = ((high <<8) | low)
30
31        if(value >32768):
32            value = value -65536
33
34        return value
35
36    accData =0
37
38    try:
39        MPU_Init()
40        for i in range(10):
41            acc_x = read_raw_data(ACCEL_XOUT_H)
42            Ax = acc_x/16384.0
```

```
43              accData = accData + Ax
44          accData = accData /10
45          print(accData)
46          while True:
47              acc_x = read_raw_data(ACCEL_XOUT_H)
48              Ax = acc_x/16384.0
49              if Ax - accData >=0.1 :
50                  print("shock!!!")
51              else:
52                  pass
53
54      except KeyboardInterrupt:
55          pass
```

40~43 : 0부터 9까지 10번 반복하여 accData 변수에 10번 가속도센서의 x값을 10번 누적하여 더합니다. 센서의 값은 모두 다르므로 센서의 offset값을 구합니다.

44 : 10번 더해진 값을 나누기 10을 하여 평균을 취합니다.

45 : 값을 출력합니다.

49 : 측정된 가속도 x값과 가속도센서의 평균값을 빼서 0.1 이상이면 참 조건이 됩니다. 즉 가속도센서에 충격이 가해지면 조건이 참이됩니다.

50 : 센서에 충격이 가해지면 shock!!를 출력합니다.

51~52 : 충격이 가해지지 않는다면 아무런 행동도 하지 않습니다. 다음 코드에서 부저를 사용하기 위하여 조건만 만들어두고 pass를 사용하여 아무것도 하지 않습니다.

[실행 결과]

[▶] 눌러 코드를 실행합니다.

센서에 충격을 가하거나 센서를 움직이면 shock!!! 문자가 출력됩니다.

[라즈베리파이 코드 작성]

이제 충격을 감지하면 부저를 울리게 하여 코드를 완성하도록 합니다.

myProjects/project_9/main9-2.py

```python
01    from gpiozero import Buzzer,MCP3208
02    import smbus
03    import time
04
05    PWR_MGMT_1 =0x6B
06    SMPLRT_DIV =0x19
07    CONFIG =0x1A
08    GYRO_CONFIG =0x1B
09    INT_ENABLE =0x38
10    ACCEL_XOUT_H =0x3B
11    ACCEL_YOUT_H =0x3D
12    ACCEL_ZOUT_H =0x3F
13    GYRO_XOUT_H =0x43
14    GYRO_YOUT_H =0x45
15    GYRO_ZOUT_H =0x47
16
17    bus = smbus.SMBus(1)
18    Device_Address =0x68
19
20    bz = Buzzer(18)
21
22    def MPU_Init():
23        bus.write_byte_data(Device_Address, SMPLRT_DIV, 7)
24        bus.write_byte_data(Device_Address, PWR_MGMT_1, 1)
25        bus.write_byte_data(Device_Address, CONFIG, 0)
26        bus.write_byte_data(Device_Address, GYRO_CONFIG, 24)
27        bus.write_byte_data(Device_Address, INT_ENABLE, 1)
28
29    def read_raw_data(addr):
30        high = bus.read_byte_data(Device_Address, addr)
31        low = bus.read_byte_data(Device_Address, addr+1)
32        value = ((high <<8) | low)
33
34        if(value >32768):
35            value = value -65536
36
37        return value
38
39    accData =0
40
41    try:
42        MPU_Init()
```

```
43          for i in range(10):
44              acc_x = read_raw_data(ACCEL_XOUT_H)
45              Ax = acc_x/16384.0
46              accData = accData + Ax
47          accData = accData /10
48          print(accData)
49          while True:
50              acc_x = read_raw_data(ACCEL_XOUT_H)
51              Ax = acc_x/16384.0
52              if Ax - accData >=0.1 :
53                  print("shock!!!")
54                  for i in range(5):
55                      bz.on()
56                      time.sleep(0.2)
57                      bz.off()
58                      time.sleep(0.2)
59              else:
60                  bz.off()
61
62      except KeyboardInterrupt:
63          pass
64
65      bz.off()
```

52~59 : 현재 가속도 값 Ax와 초기값 accData를 비교하여 충격을 감지합니다. 만약 차이가 0.1 이상이면 "shock!!!" 메시지를 출력하고 Buzzer를 사용하여 경고음을 5번 출력합니다.

60 : 충격이 감지되지 않으면 Buzzer를 끄고 대기합니다.

[실행 결과]

[🔘] 눌러 코드를 실행합니다.

충격이 발생하면 부저가 울립니다.

[결과 동영상]

다음은 작품의 동작 결과 동영상의 유튜브 주소입니다.

https://youtu.be/TUrgfu7QcWk

작품 10 ‖ 온도 센서 불쾌지수 표시기 만들기

학습 목표

DS18B02 온도 센서를 사용하여 불쾌지수 표시기를 만들어 봅니다. 불쾌지수의 표시는 LED를 사용하여 쾌적할 땐 녹색, 보통일땐 파랑, 불쾌할땐 빨강으로 표시하여 봅니다.

[준비물]

다음과 같은 부품을 준비합니다.

부품명	수량
브레드보드	1개
DS18B02 모듈	1개
녹색 LED	1개
파란 LED	1개
빨강 LED	1개
220옴 저항	3개
수/수 점퍼케이블	2개
암/수 점퍼케이블	6개

[회로 구성]

브레드보드에 다음의 회로를 꾸며 연결합니다.

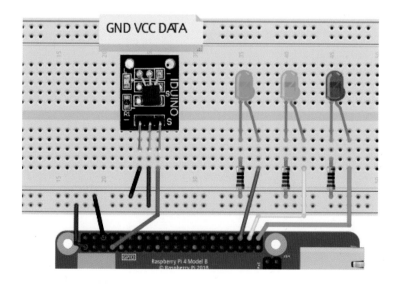

DS18B02센서의 VCC는 3.3V, GND는 GND에 연결하고 DATA핀은 GPIO4에 연결합니다. DS18B02센서의 종류에 따라 핀의 배열이 다를수 있으므로 DS18B02센서에 마킹을 잘 확인하여 연결합니다. 녹색 LED의 긴 다리는 GPIO16, 파란색LED는 GPIO 20, 빨간색 LED는 GPIO 21에 연결합니다.

Interfaces 옵션에서 [1-Wire]를 사용함으로 설정합니다.

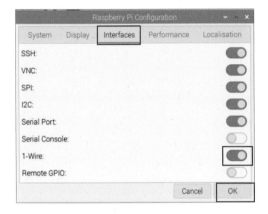

[라즈베리파이 코드 작성]

DS18B20 온도 센서를 사용하여 온도 데이터를 읽고 출력하는 코드를 작성해봅니다.

```
myProjects/project_10/main10.py
01   import os
02   import glob
03   import time
04
05   os.system('modprobe w1-gpio')
06   os.system('modprobe w1-therm')
07
08   base_dir = '/sys/bus/w1/devices/'
09   device_folder = glob.glob(base_dir +'28*')[0]
10   device_file = device_folder +'/w1_slave'
11
12   def read_temp_raw():
13       f =open(device_file, 'r')
14       lines = f.readlines()
15       f.close()
16       return lines
17
18   def read_temp():
19       lines = read_temp_raw()
20       while lines[0].strip()[-3:] !='YES':
21           time.sleep(0.2)
```

```
22              lines = read_temp_raw()
23          equals_pos = lines[1].find('t=')
24          if equals_pos !=-1:
25              temp_string = lines[1][equals_pos+2:]
26              temp_c = float(temp_string) /1000.0
27              return temp_c
28
29      try:
30          while True :
31              temperature = read_temp()
32              print(temperature)
33              time.sleep(2.0)
34
35      except KeyboardInterrupt:
36          pass
```

01~03 : 필요한 라이브러리를 가져옵니다.

05~06 : DS18B20 온도 센서를 사용하기 위해 필요한 커널 모듈을 로드합니다.

08 : DS18B20 센서의 디렉토리 경로를 설정합니다.

09 : 'glob'을 사용하여 DS18B20 센서의 디바이스 폴더를 찾습니다. '28*'는 디바이스 폴더 이름이 "28"로 시작하는 것을 의미합니다. 이 코드에서는 첫 번째로 찾은 디바이스 폴더를 선택합니다.

10 : DS18B20 센서의 디바이스 파일 경로를 설정합니다.

12~16 : 'read_temp_raw' 함수를 정의합니다. 이 함수는 DS18B20 센서로부터 원시 온도 데이터를 읽어옵니다.

18~27 : 'read_temp' 함수를 정의합니다. 이 함수는 'read_temp_raw' 함수를 사용하여 원시 온도 데이터를 읽어온 후, 온도 값을 계산하여 반환합니다.

30~33 : 무한 루프('while True') 내에서 온도 데이터를 읽어 출력합니다. DS18B20 센서의 온도를 읽어오고 출력한 후, 2초 동안 대기합니다.

[실행 결과]

[▶] 눌러 코드를 실행합니다.

DS18B20 온도 센서로부터 온도 데이터를 읽어와 출력하였습니다.

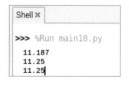

온도에 따라서 30도 이상일 때는 빨간색 LED가 켜지고 20~29도는 녹색, 20도 미만이면 파란색 LED를 켜는 코드를 작성해봅니다.

[라즈베리파이 코드 작성]

다음의 코드를 작성하여 완성합니다.

myProjects/project_10/main10-1.py

```
01    import os
02    import glob
03    import time
04    from gpiozero import LED
05
06    greenLed = LED(16)
07    blueLed = LED(20)
08    redLed = LED(21)
09
10    os.system('modprobe w1-gpio')
11    os.system('modprobe w1-therm')
12
13    base_dir = '/sys/bus/w1/devices/'
14    device_folder = glob.glob(base_dir + '28*')[0]
15    device_file = device_folder + '/w1_slave'
16
17    def read_temp_raw():
18        f =open(device_file, 'r')
19        lines = f.readlines()
20        f.close()
21        return lines
22
23    def read_temp():
24        lines = read_temp_raw()
25        while lines[0].strip()[-3:] !='YES' :
26            time.sleep(0.2)
27            lines = read_temp_raw()
28        equals_pos = lines[1].find('t=')
29        if equals_pos !=-1:
30            temp_string = lines[1][equals_pos+2:]
31            temp_c = float(temp_string) /1000.0
32            return temp_c
33
34    try:
35        while True :
36            temperature = read_temp()
37            print(temperature)
38            if temperature >=30:
39                greenLed.value =0
40                blueLed.value =0
41                redLed.value =1
42            elif 20 <= temperature <30:
```

```
43              greenLed.value =1
44              blueLed.value =0
45              redLed.value =0
46         elif temperature <20:
47              greenLed.value =0
48              blueLed.value =1
49              redLed.value =0
50
51         time.sleep(2.0)
52
53     except KeyboardInterrupt:
54         pass
```

38~49: 온도에 따라 RGB LED의 색상을 제어합니다. 30℃ 이상일 때는 빨간색, 20℃ 이상 30℃ 미만일 때는 녹색, 20℃ 미만일 때는 파란색을 표시합니다.

[실행 결과]

[] 눌러 코드를 실행합니다.

Shell 영역에서 온도 값을 확인하여봅니다.

```
Shell ✕
>>> %Run main10-1.py
 12.187
```

온도에 따라 LED가 켜지는 것을 확인합니다.

[결과 동영상]

다음은 작품의 동작 결과 동영상의 유튜브 주소입니다.

https://youtu.be/_qzHGmHJHSU

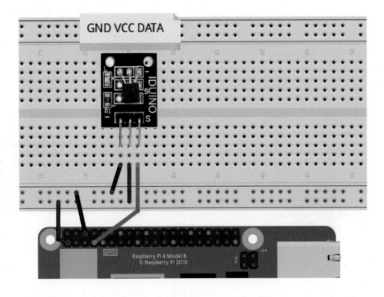

작품 11 | 온도 센서값 파일로 기록하기

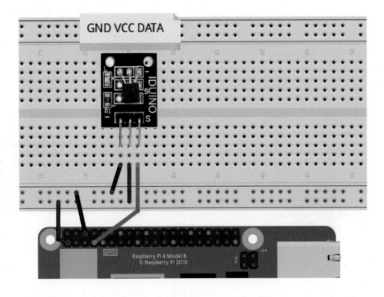

학습 목표

온도값을 파일데이터로 기록하여봅니다. 온도와 습도를 언제 측정하였는지 현재시간도 함께 기록합니다.

[준비물]

다음과 같은 부품을 준비합니다.

부품명	수량
브레드보드	1개
DS18B02 모듈	1개
수/수 점퍼케이블	2개
암/수 점퍼케이블	3개

[회로 구성]

브레드보드에 다음의 회로를 꾸며 연결합니다.

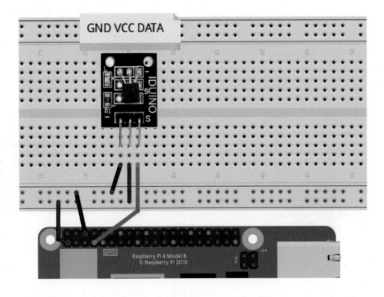

DS18B02센서의 VCC는 3.3V, GND는 GND에 연결하고 DATA핀은 GPIO4에 연결합니다. DS18B02센서의 종류에 따라 핀의 배열이 다를수 있으므로 DS18B02센서에 마킹을 잘 확인하여 연결합니다.

Interfaces 옵션에서 [1-Wire]를 사용함으로 설정합니다.

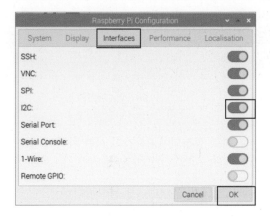

[라즈베리파이 코드 작성]

온습도 센서의 데이터를 기록하기 위해서는 언제 측정했는지가 중요합니다. 라즈베리 파이에서 시간 출력해주는 코드를 만들어 봅니다. 다음의 코드를 작성합니다.

myProjects/project_11/main11.py

```
01 import time
02 import datetime
03
04 try:
05     while True:
06         now = datetime.datetime.now()
07         print(now)
08         time.sleep(1.0)
09
10 except KeyboardInterrupt:
11     pass
12
```

02: 시간을 출력해주는 datetime을 불러옵니다
06: 현재시간을 now 변수에 바인딩합니다.
07: 현재시간을 출력합니다.

[실행 결과]

[▶] 눌러 코드를 실행합니다. Shell 영역을 확인하여봅니다. 시간이 출력됩니다. 출력되는 시간은 라즈베리 파이의 시간으로 출력됩니다.

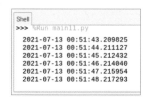

라즈베리 파이의 시간이 00:52분으로 되어있습니다.

실제 한국의 시간은 오전 8시 52분입니다

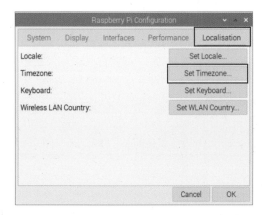

라즈베리 파이에서 timezone을 설정하지 않아서 표준 시간대로 설정되어 8시간의 시간 차이가 발생
합니다.

[라즈베리 파이아이콘] −⟩ [Preferences] −⟩ [Raspberry Pi Configuration]을 클릭합니다.

[Localisation] 탭에서 [Set Timezone...]을 클릭하여 timezone을 설정합니다.

Asia, Seoul 로 설정 후 [OK] 버튼을 눌러 적용합니다.

약 1분가량 지나면 시간이 변경됩니다.

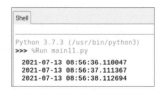

[🔴]을 눌러 멈춘 후 다시 [▶] 눌러 코드를 실행합니다.
한국시간으로 값이 출력됨을 확인할 수 있습니다.

```
Shell
Python 3.7.3 (/usr/bin/python3)
>>> %Run main11.py
  2021-07-13 08:56:36.110047
  2021-07-13 08:56:37.111367
  2021-07-13 08:56:38.112694
```

[라즈베리파이 코드 작성]

이제 파일을 만들어 시간을 기록하는 코드를 만들어 봅니다.

myProjects/project_11/main11-1.py

```
01 import time
02 import datetime
03
04 try:
05     while True:
06         now = datetime.datetime.now()
07         print(now)
08         f = open('temphumi.txt','a')
09         f.write(str(now)+'\r\n')
10         f.close()
11         time.sleep(1.0)
12
13 except KeyboardInterrupt:
14     pass
```

08: temphumi.txt 파일을 'a' apeend의 약자로 파일을 추가로 이어쓸수 있는 모드로 만든다. 파일을 쓸 때 f 이름으로 변수를 만들어 바인딩합니다. 보편적으로 파일 관련된 변수의 이름으로 f를 많이 사용합니다.

09: 현재시간을 문자열로 변경하고 "\r\n"을 추가하여 줄바꿈합니다. str은 문자열로 값을 변경합니다.

10: 파일을 닫아준다. 파일을 사용하고 난 다음에는 꼭 닫아줘야합니다.

[실행 결과]

[▶] 눌러 코드를 실행합니다.

약 5~10초가량 코드를 실행시킨 다음 종료합니다.

[파일매니저]를 열어 /home/pi/myProjects/project_11 폴더로 이동합니다.

temphumi.txt 파일이 생성되었습니다. 따로 경로를 지정해주지 않았다면 파이썬 코드가 실행된 경로에 파일이 생성됩니다.

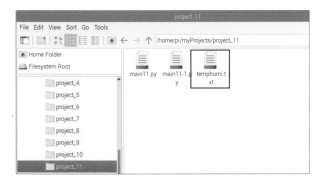

temphumi.txt 파일을 열어 값을 확인해보니 시간값이 잘 저장되었음을 확인할 수 있습니다.

```
temphumi.txt - Mousepad                    ∨ ∧ ✕
File  Edit  Search  View  Document  Help
2021-07-13 09:16:14.050134
2021-07-13 09:16:15.052124
2021-07-13 09:16:16.054032
2021-07-13 09:16:17.056070
2021-07-13 09:16:18.058558
2021-07-13 09:16:19.060062
2021-07-13 09:16:20.065829
2021-07-13 09:16:21.067360
2021-07-13 09:16:22.068895
```

[라즈베리파이 코드 작성]

이제 온도값을 측정하여 파일에 기록하여봅니다.

myProjects/project_11/main11-2.py

```python
01    import time
02    import datetime
03    import os
04    import glob
05
06    os.system('modprobe w1-gpio')
07    os.system('modprobe w1-therm')
08
09    base_dir = '/sys/bus/w1/devices/'
10    device_folder = glob.glob(base_dir + '28*')[0]
11    device_file = device_folder + '/w1_slave'
12
13    def read_temp_raw():
14        f =open(device_file, 'r')
15        lines = f.readlines()
16        f.close()
17        return lines
18
19    def read_temp():
20        lines = read_temp_raw()
21        while lines[0].strip()[-3:] !='YES':
22            time.sleep(0.2)
23            lines = read_temp_raw()
24        equals_pos = lines[1].find('t=')
25        if equals_pos !=-1:
26            temp_string = lines[1][equals_pos+2:]
27            temp_c = float(temp_string) /1000.0
28            return temp_c
29
30    try:
31        while True:
32            temp = round(read_temp(),2)
```

```
33              now = datetime.datetime.now()
34              print(now,temp)
35              f =open( 'temphumi.txt', 'a')
36              f.write(str(now) + ','+str(temp) + '\r\n')
37              f.close()
38              time.sleep(1.0)
39
40      except KeyboardInterrupt:
41          pass
```

32 : read_temp 함수를 호출하여 온도를 읽어온 후, 소수점 둘째 자리까지 반올림하여 temp 변수에 저장합니다.

33 : 현재 날짜와 시간을 datetime.datetime.now()를 사용하여 가져옵니다.

34 : 현재 날짜와 시간, 그리고 온도를 출력합니다.

35~37 : 'temphumi.txt' 파일을 열고 현재 날짜와 시간, 온도를 파일에 기록한 후 파일을 닫습니다.

[실행 결과]

[▶] 눌러 코드를 실행합니다.

약 5~10초가량 코드를 실행시킨 다음 종료합니다.

[파일매니저]를 열어 /home/pi/myProjects/project_11 폴더로 이동합니다.

temphumi.txt 파일을 열어 값을 확인해봅니다. 온도값이 추가되었음을 확인할 수 있습니다.

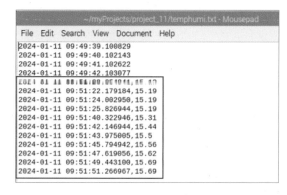

[결과 동영상]

https://youtu.be/8UDMrgIBVhc

블루투스LE 스마트 조명제어

학습 목표

블루투스를 이용하여 LED를 제어해 스마트 조명을 만들어 봅니다.

[준비물]

다음과 같은 부품을 준비합니다.

부품명	수량
브레드보드	1개
블루투스 통신모듈 HM-10	1개
녹색 LED	1개
파랑 LED	1개
빨강 LED	1개
220옴 저항	3개
수/수 점퍼케이블	2개
암/수 점퍼케이블	7개

[회로 구성]

브레드보드에 다음의 회로를 꾸며 연결합니다.

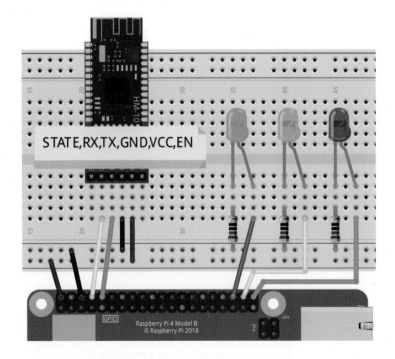

STATE,RX,TX,GND,VCC,EN

블루투스 통신모듈의 RX는 라즈베리 파이의 TX인 GPIO14, 통신모듈의 TX는 라즈베리 파이의 RX
인 GPIO15에 연결합니다. 통신을 하기위해서는 TX-RX서로 크로스로 연결합니다.

녹색 LED의 긴 다리는 GPIO16, 파란색LED는 GPIO 20, 빨간색 LED는 GPIO 21에 연결합니다.

블루투스 통신모듈과 라즈베리 파이는 시리얼통신으로 서로 통신합니다. 라즈베리 파이에서 시리얼
통신을 사용하기 위해서 시리얼통신을 사용할 수 있도록 설정합니다.

[라즈베리 파이아이콘] -〉 [Preferences] -〉 [Raspberry Pi Configuration]을 클릭합니다.

[Interfaces] 탭으로 이동하여

Serial Port: Enable

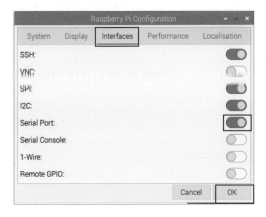

설정을 적용하기 위해서는 재부팅을 해야합니다다는 알림창이 나온다.

[OK]를 눌러 라즈베리 파이를 재부팅한 후 다시 라즈베리 파이에 접속합니다.

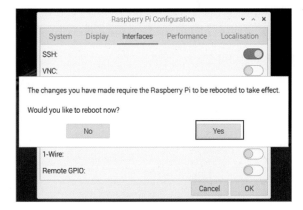

[라즈베리파이 코드 작성]

블루투스 통신으로 스마트폰으로 데이터를 전송하는 코드를 만들어 봅니다.

```
myProjects/project_12/main12.py

01    import serial
02    import time
03
04    bleSerial = serial.Serial( "/dev/ttyAMA0" , baudrate=9600, timeout=1.0)
05
06    try:
07        while True:
08            sendData = "I am raspberry \r\n"
09            bleSerial.write( sendData.encode() )
10            time.sleep(1.0)
11
12    except KeyboardInterrupt:
13        pass
14
15    bleSerial.close()
```

04: 통신속도 9600으로 bleSerial변수에 바인딩합니다.

08: 보낼 데이터를 sendData변수에 바인딩합니다. \r\n은 줄바꿈을 위한 기능이다.

09: 시리얼통신으로 데이터를 전송합니다. 시리얼통신으로 데이터를 전송시 블루투스 통신모듈이 블루투스 통신으로 변환하여 데이터를 전송합니다.

[실행 결과]

[▶] 눌러 코드를 실행합니다. 데이터의 확인은 스마트폰 어플을 설치하여 진행합니다.

[안드로이드] 기준입니다. [아이폰] 사용은 뒤에서 설명합니다. [아이폰]의 경우 무료로 쓸만한 어플이 많지 않아 라즈베리 파이->아이폰 으로 데이터를 보낼때는 값의 확인이 어렵습니다. 안되는게 아닌 필자가 찾은 무료 어플에서 값의 확인이 어려울 뿐입니다.

[안드로이드] 플레이스토어에서 "시리얼통신" 으로 검색 후 [Serial Bluetooth Terminal]을 설치합니다.

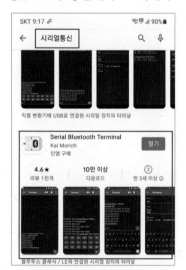

어플을 열어 아래의 설정부분을 클릭합니다.

블루투스와 접속하기 위해서 [Devices]를 클릭합니다.

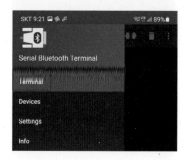

사용하는 HM-10 모듈은 BLE 모듈로 [Bluetooth LE] 탭을 선택 후 [SCAN]을 클릭합니다.

이름을 변경하지 안았다면 MLT-BT05, HM-10, BT05 등의 이름으로 검색됩니다.

같은 블루투스 통신모듈의 전원이 여러대가 동시에 켜져있습니다면 하나씩만 켜서 접속해야 합니다.

검색된 블루투스 통신모듈을 클릭하여 접속합니다.

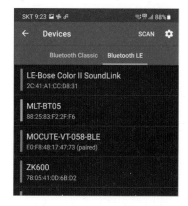

접속이 잘되었다면 위쪽의 접속 아이콘이 붙어있어 접속되었음을
확인할 수 있습니다.

또는 아래쪽에 Connected 로 확인이 가능합니다. 연결 후 라즈
베리 파이에서 보낸 "I am raspberry" 데이터가 스마트폰으로 잘
전송되었음을 확인할 수 있습니다.

[라즈베리파이 코드 작성]

이제 스마트폰에서 라즈베리 파이로 데이터를 전송하고 전송된 데이터를 출력하는 코드를 만들어
봅니다.

myProjects/project_12/main12-1.py

```
01    import serial
02
03    bleSerial = serial.Serial("/dev/ttyAMA0", baudrate=9600, timeout=1.0)
04
05    try:
06        while True:
07            data = bleSerial.readline()
08            print(data)
09
10    except KeyboardInterrupt:
11        pass
12
13    bleSerial.close()
```

07: 시리얼통신으로 값을 읽습니다. 읽은값은 data 변수와 바인딩합니다. readline은 라인바꿈 데이터가 있을 때까지 값을
읽습니다.

08: 읽은 값을 출력합니다.

[실행 결과]

[▶] 눌러 코드를 실행합니다. 스마트폰 어플에서 "hello"를 입력 후 값을 전송합니다.
라즈베리 파이에서 값을 잘 받았음을 확인할 수 있습니다.

[라즈베리파이 코드 작성]

스마트 조명을 만들기 위해 명령에 따라 조건을 실행하는 코드를 만들어 봅니다.

녹색, 파란색, 빨간색 LED를 사용합니다. 아래의 표를 이용하여 led를 켜고 끄는 명령어를 정의합니다.

녹색 LED 켬	green_on
녹색 LED 끔	green_off
파란색 LED 켬	blue_on
파란색 LED 끔	blue_off
빨간색 LED 켬	red_on
빨간색 LED 끔	red_off

다음의 코드를 작성합니다.

myProjects/project_12/main12-2.py

```
01    import serial
02
03    bleSerial = serial.Serial("/dev/ttyAMA0", baudrate=9600, timeout=1.0)
04
05    try:
06        while True:
07            data = bleSerial.readline()
08            data = data.decode()
09            if data.find("green_on") >=0 :
10                print("ok green on")
11            elif data.find("green_off") >=0 :
```

```
12              print("ok green off")
13          elif data.find("blue_on") >=0 :
14              print("ok blue on")
15          elif data.find("blue_off") >=0 :
16              print("ok blue off")
17          elif data.find("red_on") >=0 :
18              print("ok red on")
19          elif data.find("red_off") >=0 :
20              print("ok red off")
21
22      except KeyboardInterrupt:
23          pass
24
25      bleSerial.close()
```

08 : 시리얼데이터를 문자데이터로 변환합니다. decode를 사용하여 변환합니다.

09~20 : 각각의 명령에 따라 조건문이 동작합니다. 문자열에서 특정 문자열을 찾을 때는 .find를 이용합니다. 찾은 문자의 위치를 반환하여줍니다. 찾지못하면 −1을 반환합니다. 문자열은 0번째부터 시작하므로 0을 반환하였다면 0번째 위치에서 찾은 것이다. 0도 찾은 것입니다.

[실행 결과]

[▶] 눌러 코드를 실행합니다. 스마트폰 어플에서 다음의 명령어를 각각 입력 후 동작을 확인합니다.

녹색 LED 켬	green_on
녹색 LED 끔	green_off
파란색 LED 켬	blue_on
파란색 LED 끔	blue_off
빨간색 LED 켬	red_on
빨간색 LED 끔	red_off

라즈베리 파이에서 명령을 잘 받았음을 확인합니다.

```
Shell
>>>  %Run main12-2.py
  ok green on
  ok green off
  ok blue on
  ok blue off
  ok red on
  ok red off
```

[라즈베리파이 코드 작성]

이제 명령에 따라 LED를 동작하도록 LED코드를 추가하여 완성시켜봅니다.

myProjects/project_12/main12-3.py

```python
01    import serial
02
03    bleSerial = serial.Serial("/dev/ttyAMA0", baudrate=9600, timeout=1.0)
04
05    try:
06        while True:
07            data = bleSerial.readline()
08            data = data.decode()
09            if data.find("green_on") >=0 :
10                print("ok green on")
11            elif data.find("green_off") >=0 :
12                print("ok green off")
13            elif data.find("blue_on") >=0 :
14                print("ok blue on")
15            elif data.find("blue_off") >=0 :
16                print("ok blue off")
17            elif data.find("red_on") >=0 :
18                print("ok red on")
19            elif data.find("red_off") >=0 :
20                print("ok red off")
21
22    except KeyboardInterrupt:
23        pass
24
25    bleSerial.close()
```

14~31: 읽어온 데이터에 따라 LED를 제어합니다. "green_on"이라는 문자열이 데이터에 포함되면 greenLed를 켜고,
"green_off"이라는 문자열이 데이터에 포함되면 greenLed를 끕니다. "blue_on", "blue_off", "red_on", "red_off"에
대해서도 동일한 처리를 수행합니다.

[실행 결과]

[▶] 눌러 코드를 실행합니다. 스마트폰 어플에서 다음의 명령어를 각각 입력 후 실제 LED의 동작을 확인합니다.

녹색 LED 켬	green_on
녹색 LED 끔	green_off
파란색 LED 켬	blue_on
파란색 LED 끔	blue_off
빨간색 LED 켬	red_on
빨간색 LED 끔	red_off

[M1] ~ [M7] 까지 단축키로 지정할 수 있습니다. 단축키로 지정하고 싶은 버튼을 꾹 누릅니다.

이름은 단축키에서 보여지는 이름이다. 너무 길면 ...으로 표시되기 때문에 최대한 짧게 설정합니다.

Value는 실제 라즈베리 파이로 보내는 값입니다. [V]를 눌러 저장합니다.

각각의 명령어를 단축키로 지정하여 버튼만 누르면 명령어가 전송되도록 하였습니다.

아이폰 사용자의 경우

App Store에 접속합니다.

"ble automation"을 검색 후 설치합니다. 아이폰 어플은 유료어플이 많지만 무료로 사용할 수 있는 터미널 어플이다. 무료이다보니 사용중간에 가끔 광고가 타나납니다.

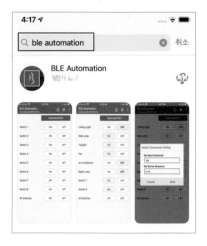

설치 후 어플을 실행합니다.

[확인]을 눌러 블루투스를 사용합니다.

스캔 후 MLT-BT05, HM-10, BT05 등의 이름을 선택하여 연결합니다.

Switch1 이름 부분을 꾹 누르면 이름을 변경할 수 있는 창이 나온다. Switch1은 사용자가 알수있게 표시되는 이름으로 원하는 이름으로 변경할 수 있습니다.

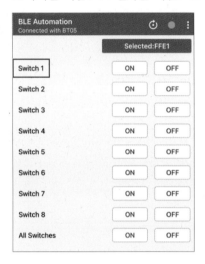

보여지는 이름을 변경합니다.

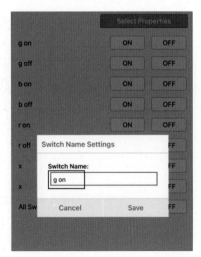

LED를 제어하기 위해 보여지는 이름을 아래와 같이 변경하였습니다.

[ON] 버튼을 꾹 누르면 각각 명령어를 변경할 수 있습니다. [OFF] 버튼을 사용하여도 되나 본 책에서는 사용하지 않았습니다.

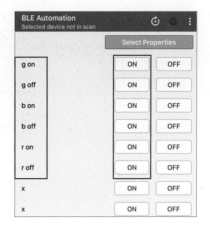

각각의 버튼에 보낼 명령어를 입력 후 저장합니다.

이제 각각의 버튼을 눌러 LED를 제어할 수 있습니다.

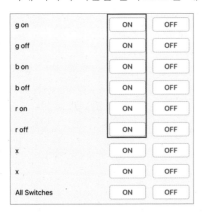

[결과 동영상]

다음은 작품의 동작 결과 동영상의 유튜브 주소입니다.

https://youtu.be/UZYlhGBtKXE

18개 응용 작품 만들기

라즈베리파이에서만 사용할 수 있는 특수한 기능들을 이용한 프로젝트와 사물인터넷 프로젝트 총 18개 응용 작품을 만들어 봅니다.

작품 13 ||| 사진기 만들기

학습 목표
카메라와 버튼을 이용하여 버튼을 누르면 사진을 찍는 카메라를 만들어 봅니다.

[준비물]

다음과 같은 부품을 준비합니다.

부품명	수량
브레드보드	1개
비트	1개
암/수 점퍼케이블	2개

[회로 구성]

브레드보드에 다음의 회로를 꾸며 연결합니다.

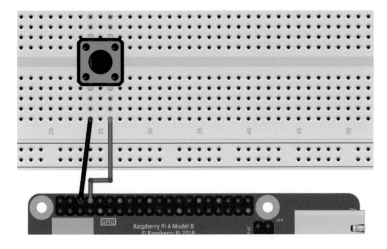

스위치의 한쪽은 3.3V 나머지 한쪽은 GPIO14번 핀에 연결합니다.

카메라는 라즈베리 파이의 USB단자에 연결합니다.

[라즈베리파이 코드 작성]

파이썬 코드를 이용하여 사진을 찍고 저장하는 코드를 만들어 봅니다.

myProjects/project_13/main13.py

```
01    from picamera2 import Picamera2
02    import time
03
04    picam2 = Picamera2()
05    camera_config = picam2.create_preview_configuration()
06    picam2.configure(camera_config)
07    picam2.start()
08    time.sleep(2)
09    picam2.capture_file("test1.jpg")
```

01: 'picamera2' 라이브러리에서 'Picamera2' 클래스를 가져옵니다.

04: 'Picamera2' 클래스를 사용하여 'picam2'라는 카메라 객체를 생성합니다.

05: 'picam2' 객체를 사용하여 미리보기 구성(configuration)을 생성합니다.

06: 'picam2' 객체를 사용하여 카메라 구성(configuration)을 설정합니다.

07: 'picam2' 객체를 시작합니다. 카메라를 활성화합니다.

09: 'picam2' 객체를 사용하여 사진을 캡처하고 "test1.jpg"라는 파일에 저장합니다.

[실행 결과]

[▶] 눌러 코드를 실행합니다.

[파일매니저]에서 /home/pi/myProjects/project_13 폴더로 이동합니다.

test1.jpg 이름으로 사진이 저장되었습니다. 프로그램에서 따로 경로를 지정해주지 않아 프로그램이 실행된 경로로 저장되었습니다.

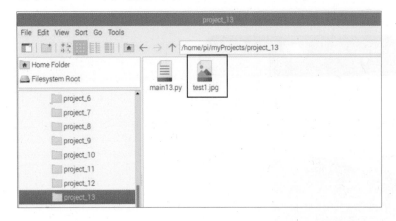

test1.jpg 파일을 더블클릭하여 저장된 사진을 확인하여 봅니다.

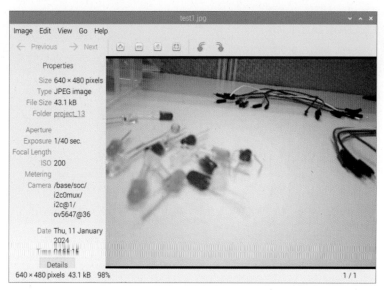

이제 카메라로 동작하기 위해 버튼을 누를 때 한 번 동작하는 코드를 만들어 봅니다.

myProjects/project_13/main13-1.py

```
01    from gpiozero import Button
02    import time
03
04    swPin = Button(14)
05
06    oldSw =0
07    newSw =0
08
09    try:
10        while True:
11            newSw = swPin.is_pressed
12            if newSw != oldSw:
13                oldSw = newSw
14
15                if newSw ==1:
16                    print( " click " )
17
18                time.sleep(0.2)
19
20    except KeyboardInterrupt:
21        pass
```

06~07: oldSw와 newSw라는 변수를 초기화합니다. 이 변수들은 버튼 상태를 추적하는데 사용됩니다.

11: swPin.is_pressed를 사용하여 새로운 버튼 상태를 가져옵니다.

12: 새로운 버튼 상태와 이전 버튼 상태(oldSw)를 비교합니다.

13: 만약 새로운 상태가 이전 상태와 다르다면, 새로운 상태를 oldSw에 업데이트합니다.

15: 만약 새로운 버튼 상태가 1(버튼이 눌림)이라면 "click"을 출력합니다.

[실행 결과]

[▶] 눌러 코드를 실행합니다.

버튼을 눌렀을 때만 click이 출력되는지 확인합니다.

[라즈베리파이 코드 작성]

이제 스위치가 눌렸을 때 시간을 확인하여 년-월-일 시:분:초 로 사진이름을 저장하는 코드를 만들어 봅니다.

---

myProjects/project_13/main13-2.py

```
01    from picamera2 import Picamera2
02    from gpiozero import Button
03    import time
04    import datetime
05
06    swPin = Button(14)
07
08    oldSw =0
09    newSw =0
10
11    picam2 = Picamera2()
12    camera_config = picam2.create_preview_configuration()
13    picam2.configure(camera_config)
14    picam2.start()
15
16    try:
17        while True:
18            newSw = swPin.is_pressed
19            if newSw != oldSw:
20                oldSw = newSw
21
```

```
22              if newSw ==1:
23                  now = datetime.datetime.now()
24                  print(now)
25                  fileName = now.strftime( ' %Y-%m-%d %H:%M:%S ' )
26                  picam2.capture_file(fileName + ' .jpg ' )
27
28              time.sleep(0.2)
29
30      except KeyboardInterrupt:
31          pass
```

22   : 만약 새로운 버튼 상태가 1(버튼이 눌림)이라면 현재 시간을 가져오고 출력합니다.

23~25 : 현재 시간을 사용하여 파일 이름을 생성합니다.

26   : picam2 객체를 사용하여 사진을 캡처하고 생성한 파일 이름으로 저장합니다.

[실행 결과]

[▶] 눌러 코드를 실행합니다.

[파일매니저]에서 /home/pi/myProjects/project_13 폴더로 이동합니다.

스위치를 눌러 사진이 저장되는지 확인합니다.

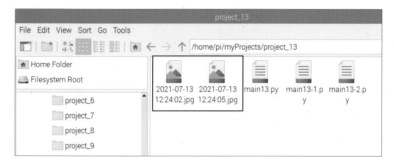

버튼을 눌러 사진을 찍는 카메라를 완성하였습니다.

[결과 동영상]

다음은 작품의 동작 결과 동영상의 유튜브 주소입니다.

https://youtu.be/Zbxg-dzsGos

║ **인체감지센서를 이용하여 침입자 사진찍기**

학습 목표

인체감지센서를 이용하여 움직임을 감지하고 움직임이 있을 때 사진을 찍어 저장합니다.

[준비물]

다음과 같은 부품을 준비합니다.

부품명	수량
브레드보드	1개
인체감지센서	1개
수/수 점퍼케이블	3개
암/수 점퍼케이블	2개

[회로 구성]

브레드보드에 다음의 회로를 꾸며 연결합니다.

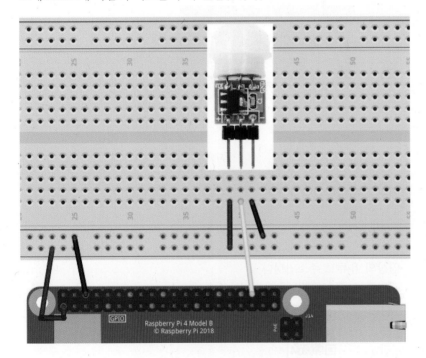

센서의 신호핀은 라즈베리 파이의 GPIO16번 핀에 연결합니다. 센서의 전원은 3.3V를 사용합니다.

[라즈베리파이 코드 작성]

다음의 코드를 작성하여 인체감지센서의 데이터를 받아봅니다.

```
myProjects/project_14/main14.py

01    from gpiozero import MotionSensor
02    import time
03
04    pirPin = MotionSensor(16)
05
06    try:
07        while True:
08            sensorValue = pirPin.value
09            print(sensorValue)
10            time.sleep(0.1)
11
12    except KeyboardInterrupt:
13        pass
```

이 코드는 Raspberry Pi와 GPIOZero 라이브러리를 사용하여 PIR (Passive Infrared) 센서로부터 움직임 감지 값을 읽고 출력하는 코드입니다. 아래는 코드의 각 줄에 대한 설명입니다.

01: 'gpiozero' 라이브러리에서 'MotionSensor' 클래스를 가져옵니다.
04: GPIO 핀 16을 사용하여 'pirPin'이라는 모션 센서 객체를 생성합니다.
08: 'pirPin.value'를 사용하여 모션 센서의 값을 읽어옵니다. 이 값은 움직임이 감지되면 'True'가 되고, 그렇지 않으면 'False'가 됩니다.
09: 읽어온 센서 값('sensorValue')을 출력합니다.

[실행 결과]

[▶] 눌러 코드를 실행합니다.

움직임이 감지가 되지 않았을 때 0이 출력되었습니다.

인체감지센서 앞에서 움직이면 1이 출력되었습니다. 인체감지센서는 움직임을 감지하는 센서로 움직임이 있을 경우 일정시간 동안 1이 출력되었습니다.

[라즈베리파이 코드 작성]

움직임이 있으면 수 초간 센서에서 1의 값이 출력되었습니다. 센서값이 1일때만 0.5초 간격으로 사진을 저장하는 코드를 만들어 완성시켜 봅니다.

myProjects/project_14/main14-1.py

```python
01    from gpiozero import MotionSensor
02    import time
03    from picamera2 import Picamera2
04    import datetime
05
06    pirPin = MotionSensor(16)
07
08    picam2 = Picamera2()
09    camera_config = picam2.create_preview_configuration()
10    picam2.configure(camera_config)
11    picam2.start()
12
13    try:
14        while True:
15            try:
16                sensorValue = pirPin.value
17                if sensorValue ==1:
18                    now = datetime.datetime.now()
19                    print(now)
20                    fileName = now.strftime('%Y-%m-%d %H:%M:%S')
21                    picam2.capture_file(fileName + '.jpg')
22                    time.sleep(0.5)
23            except:
24                pass
25
26    except KeyboardInterrupt:
27        pass
```

16 : 'pirPin.value'를 사용하여 모션 센서의 값을 읽어옵니다. 이 값은 움직임이 감지되면 'True'가 되고, 그렇지 않으면 'False'가 됩니다.

17 : 만약 'sensorValue'가 1(움직임 감지됨)이라면, 현재 시간을 가져오고 출력합니다.

18-20 : 현재 시간을 사용하여 파일 이름을 생성합니다.

21 : 'picam2' 객체를 사용하여 사진을 캡처하고 생성한 파일 이름으로 저장합니다.

[실행 결과]

[▶] 눌러 코드를 실행합니다.

[파일매니저]에서 /home/pi/myProjects/project_14 폴더로 이동합니다.

움직임이 있을 때 0.5초 간격으로 사진이 저장되었습니다. 사진은 년-월-일 시:분:초.jpg 형식으로
저장되었습니다.

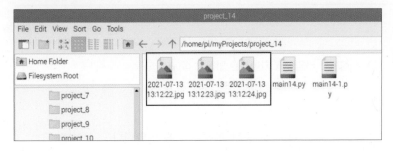

[결과 동영상]

다음 작품이 동작 결과 동영상의 유튜브 주소입니다.

https://youtu.be/EHNca9rl-Ec

학습 목표

사진을 주기적으로 오랜기간동안 찍어 저장하는 타임랩스 카메라를 만들어 봅니다.

[준비물]

타임랩스 사진이란 일정시간의 간격을 두고 오랜 기간 동안 찍은 사진을 말합니다.

회로는 카메라만 연결하여 사용합니다.

[라즈베리파이 코드 작성]

타임랩스 사진을 찍기 위해서는 일정 시간마다 동작하는 루틴이 필요합니다. datetime을 이용하여
매 5분에 동작하는 루틴을 만들어 봅니다.

```
myProjects/project_15/main15.py

01 import time
02 import datetime
03
04 try:
05     while True:
06         now = datetime.datetime.now()
07         nowMin = now.minute
08         print(nowMin)
09         if nowMin % 5 == 0:
10             print("ok")
11         time.sleep(1)
12
13 except KeyboardInterrupt:
14     pass
```

07: 현재시간에서 분만 nowMin에 바인딩합니다.

08: 분을 출력합니다.

09: 분을 5로 나누었을 때 나머지가 0이면 참입니다. 즉 5분 마다 동작합니다.

매 5,10,15,20,25,30,35,40,45,50,55,0 분 일 때 동작합니다.

[실행 결과]

[▶] 눌러 코드를 실행합니다.

39분일 때는 39만 출력되었습니다.

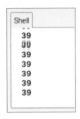

40분으로 5로 나누었을 때 나머지가 0이면 ok도 함께 출력되었습니다.

[라즈베리파이 코드 작성]

우리는 사진을 찍어야 하는데 매 5분마다 한 장씩의 사진만이 필요로 합니다. 위의 코드대로 사진을 찍는다면 매 5분마다 60장의 사진이 찍힌다. 5분이 되는 시점에 딱 한 번만 동작하도록 코드를 변경 하여봅니다.

myProjects/project_15/main15-1.py

```
01 import time
02 import datetime
03
04 flag = 0
05
06 try:
07     while True:
08         now = datetime.datetime.now()
09         nowMin = now.minute
```

```
10        print(nowMin)
11        if nowMin % 5 == 0:
12            if flag == 0:
13                flag = 1
14                print("ok")
15            else:
16                flag = 0
17        time.sleep(1)
18
19 except KeyboardInterrupt:
20    pass
```

04   : flag 변수를 만들고 0으로 바인딩합니다.

12~14 : flag 변수가 0일 때 동작을 하고 flag 변수를 1로 바인딩합니다. flag 변수를 이용하여 한 번만 동작시킵니다.

15~16 : 매 5분이 아닐때는 flag변수를 0으로 바인딩합니다.

11~14 : 매 5분마다 딱 한 번만 동작합니다.

[실행 결과]

[▶] 눌러 코드를 실행합니다. 매 5분이 되는 시점에만 딱 한 번만 동작합니다.

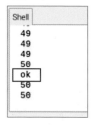

[라즈베리파이 코드 작성]

이제 사진을 찍는 코드를 넣어 매 5분마다 사진을 찍는 코드를 완성시켜봅니다.

/home/pi/myProjects/project_15 폴더에 [timelabs] 폴더를 생성합니다. 마우스 오른쪽을 클릭 후 New Folder를 클릭하면 생성할 수 있습니다.

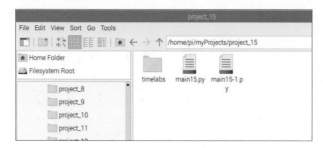

[timelabs] 폴더를 생성한 이유는 매 5분마다 사진을 찍을 경우 하루만 사진을 찍더라도 288장의 사진이 저장되었습니다. 사진의 양이 많기 때문에 폴더를 생성하여 생성된 폴더에 저장합니다.

다음의 코드를 작성합니다.

```
myProjects/project_15/main15-2.py
01 import time
02 import datetime
03 import picamera
04
05 flag = 0
06
07 camera = picamera.PiCamera()
08 camera.resolution = (1024,768)
09
10 filePath = "/home/pi/myProjects/project_15/timelabs/"
11
12 try:
13    while True:
14        now = datetime.datetime.now()
15        nowMin = now.minute
16        print(nowMin)
17        if nowMin % 5 == 0:
18            if flag == 0:
19                flag = 1
20                fileName = now.strftime('%Y-%m-%d %H:%M:%S')
21                camera.capture(filePath + fileName + '.jpg')
22                print("ok")
23            else:
24                flag = 0
25        time.sleep(1)
26
27 except KeyboardInterrupt:
28    pass
```

10: 파일이 저장될 경로를 바인딩합니다.
21: 파일은 경로+시간+.jpg 형식으로 매 5분마다 저장되었습니다.

[실행 결과]

[▶] 눌러 코드를 실행합니다.

/home/pi/myProjects/project_15/timelabs 폴더에 매 5분마다 사진이 찍혀 저장되었습니다.

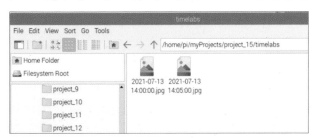

식물, 태양등의 사진을 찍어 멋진 타입랩스 사진을 완성해봅니다.

작품 16 ‖ 녹음기 만들기

학습 목표

버튼을 이용하여 버튼을 누르면 1분간 음성이 저장되는 녹음기를 만들어 봅니다. 녹음파일은 녹음 시작 시간으로 합니다.

[준비물]

다음과 같은 부품을 준비합니다.

부품명	수량
브레드보드	1개
푸쉬 스위치	1개
암/수 점퍼케이블	2개

[회로 구성]

브레드보드에 다음의 회로를 꾸며 연결합니다.

스위치의 한쪽은 3.3V 나머지 한쪽은 GPIO14번 핀에 연결합니다.

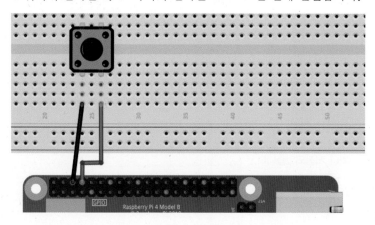

마이크와 블루투스스피커도 다음 사진과 같이 연결합니다.

라즈베리 파이5는 오디오 출력단자가 없어 블루투스 또는 USB 스피커를 이용해서 스피커와 연결해야합니다.

블루투스 아이콘을 클릭하여 [Add Device...]을 클릭합니다.

블루투스 스피커를 페어링합니다.

페어링이 완료되었습니다.

페어링된 블루투스 스피커를 선택 후 [Connect...]을 클릭하여 연결합니다.

연결이 완료되면 초록색으로 [V]표시가 됩니다.

마이크는 USB 마이크로 USB 단자에 연결합니다.

스피커가 잘되는지 확인하기 위해서 인터넷 브라우저를 열어 www.youtube.com (유튜브)사이트에 접속 후 영상을 하나 재생하여 소리가 잘 나오는지 확인합니다. 글자가 깨지는 것은 한글 폰트를 설치하지 않아서 한글이 깨져 보입니다.

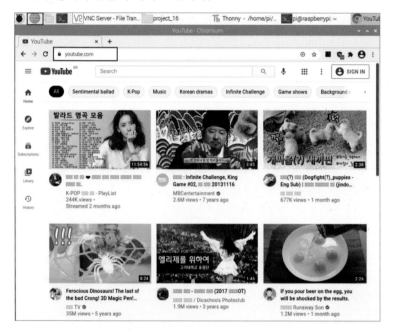

Thonnt IDE에서 가상 환경의 파이썬으로 선택되었는지 확인한 후 [Open system shell]을 클릭하여 터미널을 열어줍니다.

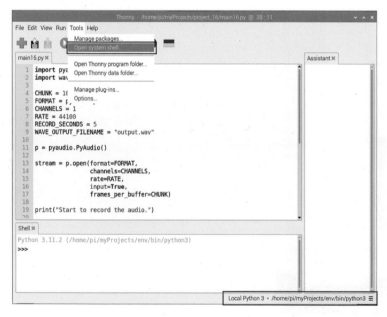

다음의 명령어를 [Open system shell] 터미널에 입력하여 파이썬3용 pyaudio 라이브러리를 설치합니다. 마이크를 사용하긴 위한 라이브러리입니다.

```
sudo apt install python3-pyaudio -y
```

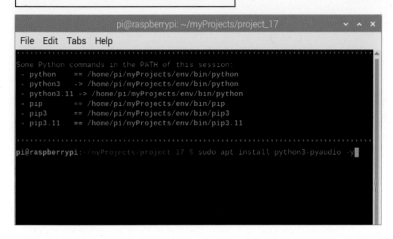

[라즈베리파이 코드 작성]
이제 파이썬에서 녹음하는 코드를 만들어 봅니다.

myProjects/project_16/main16.py

```
01    import pyaudio
02    import wave
03
04    CHUNK =1024
05    FORMAT = pyaudio.paInt16
06    CHANNELS =1
07    RATE =44100
08    RECORD_SECONDS =5
09    WAVE_OUTPUT_FILENAME = "output.wav"
10
11    p = pyaudio.PyAudio()
12
13    stream = p.open(format=FORMAT,
14                    channels=CHANNELS,
15                    rate=RATE,
16                    input=True,
17                    frames_per_buffer=CHUNK)
18
19    print("Start to record the audio.")
20
21    frames = []
22
23    for i in range(0, int(RATE / CHUNK * RECORD_SECONDS)):
```

```
24        data = stream.read(CHUNK)
25        frames.append(data)
26
27    print("Recording is finished.")
28
29    stream.stop_stream()
30    stream.close()
31    p.terminate()
32
33    wf = wave.open(WAVE_OUTPUT_FILENAME, 'wb')
34    wf.setnchannels(CHANNELS)
35    wf.setsampwidth(p.get_sample_size(FORMAT))
36    wf.setframerate(RATE)
37    wf.writeframes(b''.join(frames))
38    wf.close()
```

04~09: 녹음 파일을 설정합니다.

23~25: 5초동안 녹음합니다.

33~38: 녹음파일을 저장합니다.

[실행 결과]

[▶] 눌러 코드를 실행합니다.

빨간색의 에러 코드가 발생하는데 동작에는 지장이 없어 무시하여도 되었습니다. 5초동안의 음성을 녹음합니다.

```
Shell
Cannot connect to server socket err = No such file or directory
Cannot connect to server request channel
jack server is not running or cannot be started
JackShmReadWritePtr::~JackShmReadWritePtr - Init not done for -1, skipping unlock
JackShmReadWritePtr::~JackShmReadWritePtr - Init not done for -1, skipping unlock
Start to record the audio.
Recording is finished.
>>>
```

/home/pi/myProjects/project_16 폴더에서 output.wav 파일로 녹음이 되었습니다. 더블클릭하여 녹음이 잘되었는지 재생하여 확인합니다.

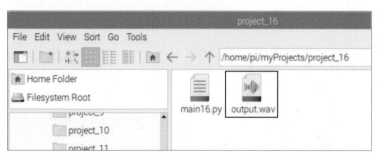

[라즈베리파이 코드 작성]

이제 스위치가 한 번 눌릴 때 마다 동작하는 코드를 만들어 봅니다.

myProjects/project_16/main16-1.py

```
01    from gpiozero import Button
02    import time
03
04    swPin = Button(14)
05
06    oldSw =0
07    newSw =0
08
09    try:
10        while True:
11            newSw = swPin.is_pressed
12            if newSw != oldSw:
13                oldSw = newSw
14
15                if newSw ==1:
16                    print("click")
17
18                time.sleep(0.2)
19
20    except KeyboardInterrupt:
21        pass
```

11: swPin.is_pressed를 사용하여 새로운 버튼 상태를 가져옵니다.

12: 새로운 버튼 상태와 이전 버튼 상태(oldSw)를 비교합니다.

13: 만약 새로운 상태가 이전 상태와 다르다면, 새로운 상태를 oldSw에 업데이트합니다.

15: 만약 새로운 버튼 상태가 1(버튼이 눌림)이라면 "click"을 출력합니다.

[실행 결과]

[▶] 눌러 코드를 실행합니다.
Run

버튼을 눌렀을 때만 click이 출력되는지 확인합니다.

[라즈베리파이 코드 작성]

스위치가 눌렸을 때 1분간 녹음을 하고 스위치가 눌린 시간으로 파일이름을 설정하여 저장하는 코드를 만들어 완성하도록 합니다.

```
myProjects/project_16/main16-2.py

01    from gpiozero import Button
02    import time
03    import pyaudio
04    import wave
05    import datetime
06
07    swPin = Button(14)
08
09    oldSw =0
10    newSw =0
11
12    CHUNK =1024
13    FORMAT = pyaudio.paInt16
14    CHANNELS =1
15    RATE =44100
16    RECORD_SECONDS =60
17
18    def saveVoice():
19        p = pyaudio.PyAudio()
20
21        stream = p.open(format=FORMAT,
22                        channels=CHANNELS,
23                        rate=RATE,
24                        input=True,
25                        frames_per_buffer=CHUNK)
26
27        print("Start to record the audio.")
28
29        frames = []
30
31        now = datetime.datetime.now()
32        fileName = now.strftime('%Y-%m-%d %H:%M:%S')
33
34        for i in range(0, int(RATE / CHUNK * RECORD_SECONDS)):
35            data = stream.read(CHUNK)
36            frames.append(data)
37
38        print("Recording is finished.")
39
40        stream.stop_stream()
```

```
41          stream.close()
42          p.terminate()
43
44          wf = wave.open(fileName + '.wav', 'wb')
45          wf.setnchannels(CHANNELS)
46          wf.setsampwidth(p.get_sample_size(FORMAT))
47          wf.setframerate(RATE)
48          wf.writeframes(b''.join(frames))
49          wf.close()
50
51      try:
52          while True:
53              newSw = swPin.is_pressed
54              if newSw != oldSw:
55                  oldSw = newSw
56
57                  if newSw ==1:
58                      saveVoice()
59
60                  time.sleep(0.2)
61
62      except KeyboardInterrupt:
63          pass
```

57: 만약 새로운 버튼 상태가 1(버튼이 눌림)이라면 saveVoice 함수를 호출하여 오디오 녹음을 시작합니다.

[실행 결과]

[▶] 눌러 코드를 실행합니다. 버튼을 눌러 1분동안 녹음합니다.

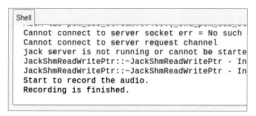

/home/pi/myProjects/project_16 폴더에서 녹음을 시작한 시간의 파일이 생성되었음을 확인할 수 있습니다.

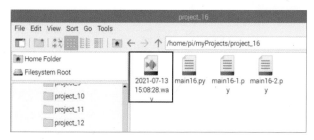

작품 17 ‖ 말하는 신호등 만들기

학습 목표

신호등의 신호가 녹색일 때 건너가도 좋다는 음성출력을 실행해 보행자가 안전하게 길을 건널수 있도록 합니다.

[준비물]

다음과 같은 부품을 준비합니다.

부품명	수량
브레드보드	1개
LED 빨강	2개
LED 노랑	1개
LED 녹색	2개
220옴 저항(빨빨검검갈)	5개
암/수 점퍼케이블	6개

[회로 구성]

브레드보드에 다음의 회로를 꾸며 연결합니다.

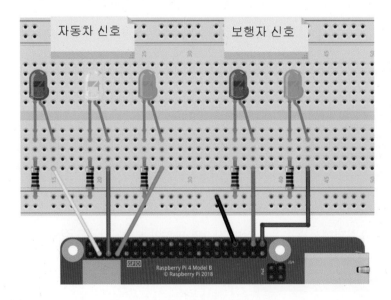

자동차 신호의 빨강, 노랑, 녹색 LED는 각각 GPIO 2, 3, 4번에 연결합니다.

보행자 신호의 빨강, 녹색 LED는 각각 GPIO 20, 21번에 연결합니다.

한글음성을 출력하기 위해서는 코드에 한글이 작성되어야 합니다. 라즈베리 파이에는 한글폰트가 설치되어 있지 않기 때문에 한글을 사용하기 위한 폰트를 설치합니다

터미널에서 다음 명령어를 입력하여 한글폰트를 설치합니다.

```
sudo apt install -y fonts-unfonts-core
```

웹브라우저에서 유튜브 사이트에 접속해보면 16장에서 깨졌던 한글이 정상적으로 보이는 것을 확인할 수 있습니다.

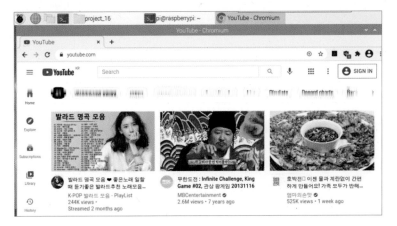

한글을 볼 수 있는 폰트를 설치한 것으로 한글을 입력하기 위해서는 한글 입력기를 설치해야 합니다.

터미널에서 다음 명령어를 입력하여 한글입력기를 설치합니다.

```
sudo apt install ibus-hangul -y
```

한글 입력기를 실행하기 위해서는 설정이 필요합니다.

[라즈베리 파이아이콘] -> [Preferences] -> [iBus Preference]를 클릭합니다.

[YES]를 눌러 다음으로 진행합니다.

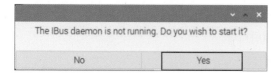

[OK]를 눌러 다음으로 진행합니다.

[Input Method] 탭에서 [Add]를 클릭하여 한글을 추가합니다.

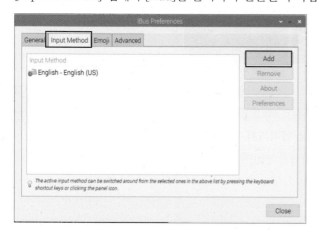

[korean]를 검색 후 [Hangul]을 선택한 후 [Add]를 클릭합니다.

한글이 잘 추가되었다면 [close]를 눌러 빠져나옵니다.

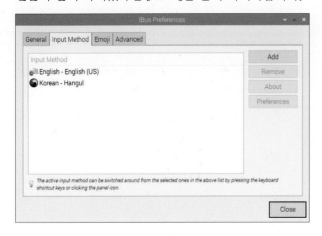

라스베리 파이의 바탕화면에서 오른쪽 위에 [EN]을 클릭 후 Korean-Hangul을 선택합니다.

다음의 모양의 아이콘으로 변경되었으면 되었습니다.

한글을 입력하기 위해서는 Hangul mode가 선택되어야 합니다. 마우스로 선택하거나 [쉬프트 + 스페이스]로 한글 〈-〉 영어를 번갈아 가면 선택 할 수 있습니다. 키보드의 [한/영] 키는 기본적으로 동작하지 않습니다.

Thonnt IDE에서 가상 환경의 파이썬으로 선택되었는지 확인한 후 [Open system shell]을 클릭하여 터미널을 열어줍니다.

[Open system shell] 터미널에서 다음 명령어를 입력하여 TTS 라이브러리를 설치합니다. TTS는 텍스트를 음성으로 변환해주는 라이브러리입니다. Text To Speech의 약자입니다. TTS 라이브러리는 이것 말고도 많이 있으나 한글이 지원되는 라이브러리로 설치하였습니다.

```
sudo apt-get install espeak -y
```

이제 파이썬 코드를 작성하여 한글을 음성으로 변환하는 코드를 만들어 봅니다.

myProjects/project_17/main17.py

```
01    import os
02
03    def speak(option, msg) :
04        os.system("espeak {} '{}' ".format(option,msg))
05
06    option = '-s 180 -p 50 -a 200 -v ko+f5'
07    msg = '안녕하세요 라즈베리 파이 40개 프로젝트 입니다.'
08
09    print('espeak', option, msg)
10    speak(option,msg)
```

[-s] 180 은 분당 180 단어의 속도이고 범위는 80~2600이며 기본값은 165 입니다.
[-p] 50 는 pitch이고 범위는 0~990이며 기본값은 50입니다.
[-a] 200 은 소리의 크기이고 범위는 0~2000이며 기본값은 100입니다.
[-v] ko+f5 은 한국어(ko)의 5번째 목소리(f5) 입니다.

[실행 결과]

[▶] 눌러 코드를 실행합니다.

스피커에서 "안녕하세요 라즈베리 파이 40개 프로젝트 입니다." 음성이 출력되었습니다. 소리가 잘 들리지 않습니다면 스피커의 음량을 조절해봅니다.

옵션을 조절하여 한글을 출력하여봅니다.

한글을 음성으로 변환해주는 라이브러리는 많지 않습니다. 한글로 출력되는 음성이 어색하거나 우스꽝스럽기 까지 합니다 하지만 라이브러리의 선택에 제한이 있어 어색함을 감수하고 사용합니다.

이제 자동차 신호와, 보행자 신호를 만들어 봅니다.

myProjects/project_17/main17-1.py

```
01    from gpiozero import LED
02    import time
03
04    carLedRed = LED(2)
05    carLedYellow = LED(3)
06    carLedGreen = LED(4)
07    humanLedRed = LED(20)
08    humanLedGreen = LED(21)
09
10    try:
11        while 1:
12            carLedRed.off()
13            carLedYellow.off()
14            carLedGreen.on()
```

```
15              humanLedRed.on()
16              humanLedGreen.off()
17              time.sleep(5.0)
18
19              carLedRed.off()
20              carLedYellow.on()
21              carLedGreen.off()
22              humanLedRed.on()
23              humanLedGreen.off()
24              time.sleep(5.0)
25
26              carLedRed.on()
27              carLedYellow.off()
28              carLedGreen.off()
29              humanLedRed.off()
30              humanLedGreen.on()
31              time.sleep(5.0)
32
33      except KeyboardInterrupt:
34          pass
```

21~26: 자동차 신호가 녹색, 보행자 신호는 빨간색입니다.
28~33: 자동차 신호가 노란색, 보행자 신호는 빨간색입니다.
35~40: 자동차 신호가 빨간색, 보행자 신호는 녹색입니다.

[실행 결과]

[▶] 눌러 코드를 실행합니다.

자동차신호와 보행자신호의 동작을 확인합니다.

이제 보행자 신호일 때 건너가도 좋다는 음성을 출력하여 완성시킵니다.

myProjects/project_17/main17-2.py

```
01      from gpiozero import LED
02      import time
03      import os
04
05      carLedRed = LED(2)
06      carLedYellow = LED(3)
07      carLedGreen = LED(4)
08      humanLedRed = LED(20)
09      humanLedGreen = LED(21)
10
11      def speak(option, msg) :
12          os.system(" espeak {} '{}' ".format(option,msg))
13
14      try:
15          while 1:
```

```
16          carLedRed.off()
17          carLedYellow.off()
18          carLedGreen.on()
19          humanLedRed.on()
20          humanLedGreen.off()
21          time.sleep(5.0)
22
23          carLedRed.off()
24          carLedYellow.on()
25          carLedGreen.off()
26          humanLedRed.on()
27          humanLedGreen.off()
28          time.sleep(5.0)
29
30          carLedRed.on()
31          carLedYellow.off()
32          carLedGreen.off()
33          humanLedRed.off()
34          humanLedGreen.on()
35
36          option = ' -s 180 -p 50 -a 200 -v ko+f5 '
37          msg = ' 녹색불 입니다. 건너가도 좋습니다. '
38          speak(option,msg)
39          time.sleep(5.0)
40
41   except KeyboardInterrupt:
42       pass
```

36~38: 녹색불일 때 건너가도 좋다는 음성을 출력하여 안전하게 길을 건널수 있도록 합니다.

[실행 결과]

[▶] 눌러 코드를 실행합니다.

음성이 부자연 스럽지만 무료로 사용할만한 TTS 라이브러리중 한글이 지원되는게 많지 않아 선택에 폭이 좁습니다. 자연스러운 음성출력을 원하면 구글, 네이버등에서 서비스하는 TTS 기능을 이용하면 조금 더 자연스러운 한글 음성 출력이 가능합니다. 다만 구글 네이버등은 API사용에 비용이 발생할 수 있습니다.

[결과 동영상]

https://youtu.be/wZDhvnGNj_M

말하는 시계 만들기

학습 목표
음성으로 시간을 말해주는 시계를 만들어 봅니다.

[회로 구성]
회로의 연결은 라즈베리 파이에 블루투스 스피커만 무선으로 연결하여 사용합니다.

Thonnt IDE에서 가상 환경의 파이썬으로 선택되었는지 확인한 후 [Open system shell]을 클릭하여 터미널을 열어줍니다. [Open system shell] 터미널에서 다음 명령어를 입력하여 TTS 라이브러리를 설치합니다. TTS는 텍스트를 음성으로 변환해주는 라이브러리입니다. Text To Speech의 약자입니다. TTS 라이브러리는 이것 말고도 많이 있으나 한글이 지원되는 라이브러리로 설치하였습니다.

```
sudo apt-get install espeak -y
```

[라즈베리파이 코드 작성]
datetime 모듈을 사용하여 시간을 출력하는 코드를 만들어 봅니다.

myProjects/project_18/main18.py

```
01    import time
02    import datetime
03
04    try:
05        while True:
06            now = datetime.datetime.now()
07            nowTime = now.strftime('%H시 %M분 %S초 입니다.')
08            print(nowTime)
09            time.sleep(1)
10
11    except KeyboardInterrupt:
12        pass
```

07: nowTime 변수에 현재시간인 "00시 00분 00초 입니다." 형태로 바인딩합니다.

[실행 결과]

[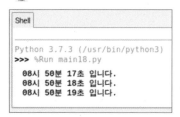] 눌러 코드를 실행합니다. 1초 간격으로 시 분 초가 출력되었습니다.

```
Shell
Python 3.7.3 (/usr/bin/python3)
>>> %Run main18.py
   08시 50분 17초 입니다.
   08시 50분 18초 입니다.
   08시 50분 19초 입니다.
```

매 1초마다 음성으로 시간을 말해주면 알아듣기 힘들기 때문에 매 1분마다 음성을 출력되도록 해야
합니다. 매 1분마다 한 번만 동작하는 코드를 만들어 봅니다.

```
myProjects/project_18/main18-1.py

01    import time
02    import datetime
03
04    try:
05        while True:
06            now = datetime.datetime.now()
07            nowSec = now.second
08
09            if nowSec ==0:
10                nowTime = now.strftime('%H시 %M분 %S초 입니다.')
11                print(nowTime)
12
13            time.sleep(1)
14
15    except KeyboardInterrupt:
16        pass
```

07: nowSec 변수에 초의 값만 바인딩합니다.
09: 1분마다 한 번 동작하게 하기 위해서는 초가 0일때만 동작하도록 합니다.

[실행 결과]

[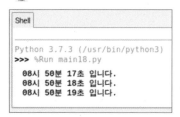] 눌러 코드를 실행합니다. 1분마다 시간을 출력합니다.

```
Shell
   08시 53분 49초 입니다.

Python 3.7.3 (/usr/bin/python3)
>>> %Run main18-1.py
   08시 55분 00초 입니다.
   08시 56분 00초 입니다.
```

[라즈베리파이 코드 작성]

이제 "00시00분 입니다."를 음성으로 출력되도록 합니다.

```
myProjects/project_18/main18-2.py
01    import time
02    import datetime
03    import os
04
05    def speak(option, msg) :
06        os.system(" espeak {} '{}' ".format(option,msg))
07
08    try:
09        while True:
10            now = datetime.datetime.now()
11            nowSec = now.second
12
13            if nowSec ==0:
14                nowTime = now.strftime(' 현재 시간은 %H시 %M분 입니다 ')
15                print(nowTime)
16
17                option = ' -s 180 -p 50 -a 200 -v ko+f5 '
18                msg = nowTime
19                speak(option,msg)
20
21            time.sleep(1)
22
23    except KeyboardInterrupt:
24        pass
```

17~19: 음성으로 시간을 말합니다.

[실행 결과]

[▶] 눌러 코드를 실행합니다.

1분마다 시간을 음성으로 출력합니다.

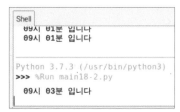

작품 19 ‖ 플라스크 웹서버 만들기

학습 목표
라즈베리 파이에 플라스크 웹서버를 만들어 보고 웹에 접속하여 값을 확인합니다.

[플라스크 설치하기]

플라스크란?

플라스크(FLASK)는 파이썬 언어를 이용하여 웹을 개발할 수 있게 해주는 웹개발 프레임워크입니다. 프레임워크란 쉽게 개발할 수 있도록 여러개의 라이브러리, 모듈등을 묶어서 제공하는 기능입니다. 웹 개발용 프레임워크는 플라스크 외에도 많지만 우리는 라즈베리 파이에서 가볍게 동작이 가능하고 사용도 쉬운 플라스크를 선택하여 웹을 개발합니다.

아래의 주소는 플라스크의 공식 홈페이지로 어떠한 기능이 있는지 상세하게 확인이 가능합니다.

https://flask.palletsprojects.com/

[라즈베리파이 코드 작성]

플라스크를 사용하기 위해서 플라스크를 설치합니다.

커미널에서 다음의 명령어를 입력하여 플라스크를 설치합니다.

```
sudo apt-get install python3-flask
```

다음의 코드를 작성하여 웹서버를 만들어 봅니다.

myProjects/project_19/main19.py

```
01    from flask import Flask
02
03    app = Flask(__name__)
04
05    @app.route('/')
06    def hello():
07        return "hello"
08
09    if __name__== '__main__':
10        app.run(debug=True,port=80,host='0.0.0.0')
```

03 : 플라스크 앱을 생성합니다

05~07 : 기본주소로 접속되면 hello()함수가 실행되었습니다.

09 : 현재 파일을 실행하면 동작합니다. 모듈로 실행시 동작하지 않습니다.

10 : 앱을 실행합니다.

[실행 결과]

[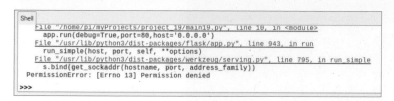] 눌러 코드를 실행하면 실행되지 않습니다.

다음과 같이 오류가 발생합니다.

```
Shell
    File "/home/pi/myProjects/project_19/main19.py", line 10, in <module>
      app.run(debug=True,port=80,host='0.0.0.0')
    File "/usr/lib/python3/dist-packages/flask/app.py", line 943, in run
      run_simple(host, port, self, **options)
    File "/usr/lib/python3/dist-packages/werkzeug/serving.py", line 795, in run_simple
      s.bind(get_sockaddr(hostname, port, address_family))
  PermissionError: [Errno 13] Permission denied
>>>
```

플라스크를 통해 코드를 실행하기 위해서는 관리자 권한으로 코드를 실행해야 합니다. Thonny IDE 에서는 관리자 권한으로 실행하지 못해 발생하는 오류로 터미널을 통해 관리자 권한으로 코드를 실행해봅니다.

[파일매니저]에서 /home/pi/myProjects 폴더에서 [project19] 폴더에 마우스 오른쪽 클릭 후 [Open in Terminal]을 클릭하여 터미널 창을 엽니다.

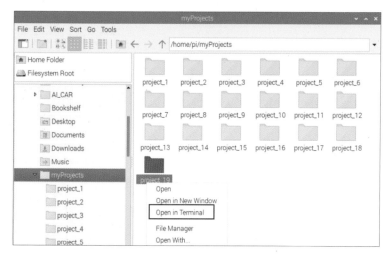

터미널 창의 경로가 /home/pi/myProjects/project_19 입니다.

다음의 명령어를 실행하여 python3를 이용하여 main19.py 파일을 sudo(관리자) 권한으로 실행합니다.

```
sudo python3 main19.py
```

코드가 실행되면 다음과 같이 터미널 창에 출력되었습니다.

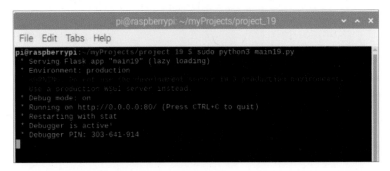

라즈베리 파이에서 웹브라우저를 엽니다.

자신의 IP주소를 입력 후 접속하여 hello가 출력됨을 확인할 수 있습니다.

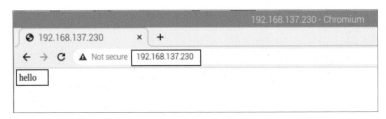

접속된 IP주소의 확인은 윈도우에서 모바일 핫스팟에서 확인이 가능합니다.

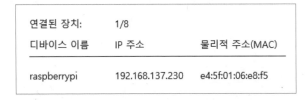

라즈베리 파이와 동일 네크워크 상에 있습니다면 윈도우의 브라우저를 통해 접속해도 동일한 결과를 확인할 수 있습니다.

아래는 윈도우의 크롬으로 접속했을 때 출력되는 화면입니다.

코드를 종료하고 싶다면 터미널 창에서 [컨트롤+C]를 입력하여 종료합니다.

다음과 같이 코드가 종료되었습니다.

[라즈베리파이 코드 작성]

@app.route('/')는 페이지에 접속하는 부분이었습니다. @app.route에서 페이지를 추가하여봅니다.

myProjects/project_19/main19-1.py

```
01    from flask import Flask
02
03    app = Flask(__name__)
04
05    @app.route('/')
06    def hello():
07        return "hello"
08
09    @app.route('/1')
10    def test1page():
11        return "1page ok"
12
13    @app.route('/2')
14    def test2page():
15        return "2page ok"
16
17    if __name__ == '__main__':
18        app.run(debug=True,port=80,host='0.0.0.0')
```

09~11: 주소/1 로 접속하면 보여주는 페이지입니다.

13~15: 주소/2 로 접속하면 보여주는 페이지입니다.

[실행 결과]

/home/pi/myProjects/project_19 경로에서 다음의 명령어로 코드를 실행합니다.

```
sudo python3 main19-1.py
```

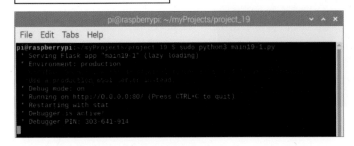

주소/1 에 접속하였습니다. 1page ok 가 잘 출력되었습니다.

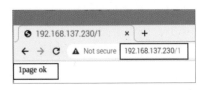

주소/2 에 접속하였습니다. 2page ok 가 잘 출력되었습니다.

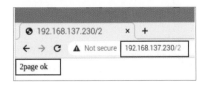

이처럼 플라스크를 이용하면 어렵지 쉬운코드로 웹서버의 생성이 가능합니다.

플라스크 웹서버 LED제어하기

학습 목표

라즈베리 파이의 플라스크 웹서버를 만들고 LED를 제어해봅니다.

[준비물]

다음과 같은 부품을 준비합니다.

부품명	수량
브레드보드	1개
ꖲꖲ ꖲꖲ ꖲꖲ	1개
220옴 저항(빨빨검검갈)	1개
암/수 점퍼케이블	2개

[회로 구성]

브레드보드에 다음의 회로를 꾸며 연결합니다.

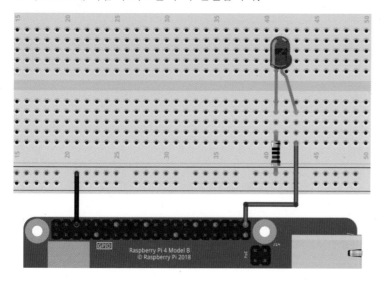

LED의 긴 다리는 라즈베리 파이의 GPIO 21번 핀에 연결합니다.

Thonnt IDE에서 가상 환경의 파이썬으로 선택되었는지 확인한 후 [Open system shell]을 클릭하여 터미널을 열어줍니다.

터미널에서 다음의 명령어를 입력하여 플라스크를 설치합니다.

```
sudo apt-get install python3-flask
```

[라즈베리파이 코드 작성]

플라스크 웹서버를 이용하여 LED를 제어하는 코드를 만들어 봅니다.

myProjects/project_20/main20.py

```python
01    from flask import Flask
02    from gpiozero import LED
03
04    app = Flask(__name__)
05
06    red_led = LED(21)
07
08    @app.route('/')
09    def flask():
10        return "hello Flask"
11
12    @app.route('/ledon')
13    def ledOn():
14        red_led.on()
15        return "<h1> LED ON </h1> "
16
17    @app.route('/ledoff')
18    def LedOff():
19        red_led.off()
20        return "<h1> LED OFF </h1>"
21
22    if __name__ == "__main__":
23        app.run(host = "0.0.0.0", port = "80")
```

12~14: 자신의 주소로 접속했을 때 동작합니다.

16~19: 주소/ledon 으로 접속하면 LED를 켭니다.

21~24: 주소/ledoff 으로 접속하면 LED를 끕니다.

[실행 결과]

/home/pi/myProjects/project_20 경로에서 다음의 명령어로 코드를 실행합니다.

```
sudo python3 main20.py
```

주소/ledon 으로 접속하였을 때 LED가 켜진다.

주소/ledon 으로 접속하였을 때 LED가 꺼진다.

[라즈베리파이 코드 작성]

이제 html 코드를 불러와 LED를 제어하는 방법에 대해 알아봅니다. 다음의 코드를 작성합니다.

myProjects/project_20/main20-1.py

```
01    from flask import Flask, request, render_template
02    from gpiozero import LED
03
04    app = Flask(__name__)
05
06    red_led = LED(21)
07
08    @app.route('/')
09    def home():
10        return render_template("index.html")
11
12    @app.route('/data', methods = ['POST'])
13    def data():
14          data = request.form['led']
15
16        if(data == 'on'):
17            red_led.on()
18            return home()
19
20        elif(data == 'off'):
21            red_led.off()
22            return home()
23
24    if __name__ == '__main__':
25        app.run(host = '0.0.0.0', port = '80')
```

[실행 결과]

/home/pi/myProjects/project_20 경로에 [templates] 폴더를 생성합니다. 플라스크에서는
[templates]에 html 파일을 넣어 관리합니다. 이름이 꼭[templates]여야 합니다.

/home/pi/myProjects/project_20/templates 폴더에서 마우스 오른쪽을 클릭한 후 [New Ffile...]
을 클릭하여 새로운 파일을 생성합니다. 파일의 이름은 index.html 로 웹페이지 파일입니다.

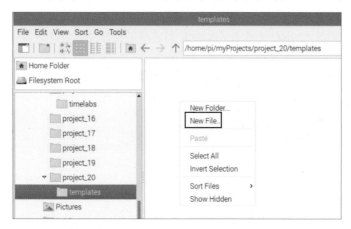

생성된 index.html 파일에서 마우스 오른쪽을 클릭 후 [Text Editor]를 클릭합니다.

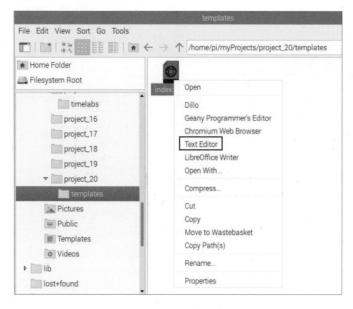

아래의 html 코드를 작성한 후 [컨트롤 + S]를 눌러 저장합니다. 아래는 html 코드입니다.

```html
<!DOCTYPE html>
<html>
  <head>
    <meta charset="UTF-8:">
    <title> LED TEST </title>
  </head>
  <body>
    <h1> LED ON OFF </h1>
    <form action="/data" method="post">
      <input type="submit" name="led" value="on">
      <input type="submit" name="led" value="off">
    </form>
  </body>
</html>
```

/home/pi/myProjects/project_20 경로에서 다음의 명령을 실행하여 프로그램 실행합니다.

```
sudo python3 main20-1.py
```

자신의 주소로 접속한 다음 [on] [off] 버튼을 눌러 LED를 제어합니다.

LED ON OFF

[on] [off]

[결과 동영상]

다음은 작품의 동작 결과 동영상의 유튜브 주소입니다.

https://youtu.be/mLTT59ewMlw

라즈베리 파이의 CPU 온도 모니터링 GUI 프로그램 만들기

학습 목표

라즈베리 파이의 CPU의 온도를 확인하여 온도를 모니터링 하는 GUI 프로그램을 만들어 봅니다.

[회로 구성]

회로 연결은 라즈베리 파이 하나만 있으면 됩니다.

[라즈베리파이 코드 작성]

라즈베리 파이의 온도를 확인하는 코드를 만들어 봅니다.

myProjects/project_21/main21.py

```
01    import os
02    import time
03
04    try:
05        while True:
06            temp = os.popen("vcgencmd measure_temp").readline()
07            print(temp)
08            time.sleep(1.0)
09
10    except KeyboardInterrupt:
11        pass
```

06: "vcgencmd measure_temp" 명령어는 CPU의 온도를 확인하는 명령어로 파이썬에서 os.popen명령을 이용하여 명령어를 입력 후 값을 받아옵니다.

07: 온도값을 출력합니다.

[실행 결과]

[▶] 눌러 코드를 실행합니다.

CPU의 온도가 56.9도입니다. 방열판이나 팬을 달지 않고 사용하고 있어 온도가 조금 높습니다. CPU에 손을 가져다 대면 뜨겁습니다.

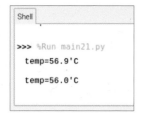

이제 print를 사용하여 출력을 하였지만 사용자가 보기 편한 GUI 프로그램을 이용하여 온도 값을 표시하여 보도록합니다.

GUI 프로그램은 tkinter, pyqt, 키비, wxPython, Libavg 등등 많은 GUI 라이브러리가 있습니다. 이 중에 우리는 tkinter를 사용합니다. tkinter를 사용하는 이유는 라즈베리 파이에 기본 설치가 되어 있고 무료이며 가볍게 사용할 수 있기 때문입니다.

[라즈베리파이 코드 작성]
다음의 코드를 작성하여 tkinter GUI를 만들어 봅니다.

myProjects/project_21/main21-1.py

```
01 import tkinter
02
03 window = tkinter.Tk()
04 window.title("CPU TEMPERATURE")
05 window.geometry("400x100")
06 window.resizable(False,False)
07
08 label=tkinter.Label(window, text="hello")
09 label.pack()
10
11 window.mainloop()
```

01: tkinter 모듈을 불러옵니다.
03: window 객체를 생성합니다.
04: 타이틀을 "CPU TEMPERATURE"로 정합니다.
05: 윈도우의 크기를 400x100으로 정합니다.
06: GUI의 사이즈를 사용자가 조절할 수 없도록 합니다.
08: Label을 이용하여 글자를 출력합니다. hello를 출력합니다.
09: .pack을 하여 글자를 표시합니다.
11: 윈도우를 실행합니다.

[실행 결과]
[▶] 눌러 코드를 실행합니다.
다음과 같이 tkinter를 이용한 GUI 프로그램이 실행되었습니다.

[라즈베리파이 코드 작성]

tkinter를 이용하여 코드를 작성하고 있습니다. 중간에 while 등의 무한반복이 되는 코드를 추가하면 GUI 가 동작하지 않을 수 있습니다. 타이머를 사용하기 위해서는 tkinter에서 제공하는 기능을 이용하여 타이머를 만들어야 합니다. 이제 CPU의 온도를 1초마다 출력하는 코드를 만들어 봅니다.

```
myProjects/project_21/main21-2.py
01    import tkinter
02    import os
03    import time
04
05    def time1000mS():
06        temp = os.popen("vcgencmd measure_temp").readline()
07        temp = temp.replace("temp=", "").replace("'C", "")
08        print(temp)
09        label.config(text=temp)
10        window.after(1000,time1000mS)
11
12    window = tkinter.Tk()
13    window.title("CPU TEMPERATURE")
14    window.geometry("400x100")
15    window.resizable(False,False)
16
17    label=tkinter.Label(window, text="hello")
18    label.pack()
19
20    time1000mS()
21
22    window.mainloop()
```

05~10 : 1000mS=1초 마다 time1000mS 함수에 들어와 실행합니다.

06　　　 : 온도를 측정합니다

07　　　 : temp= 문자를 지운다. 'C 문자도 지운다. replace는 문자를 찾아서 대체합니다. 대체문자를 "" 비웠기 때문에 지우는 효과와 같다.

09　　　 : label의 이름을 변경하기 위해서는 .config를 사용합니다. 온도값을 출력합니다.

10　　　 : 1000mS의 시간이 지나면 time1000mS 함수를 실행합니다.

20　　　 : 처음시작시 time1000mS 함수를 불러옵니다.

[실행 결과]

[▶] 눌러 코드를 실행합니다. 1초마다 온도가 측정되어 표시되었습니다.

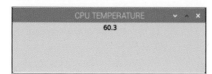

[라즈베리파이 코드 작성]

폰트를 변경하여 온도가 표시되는 글자를 키워봅니다.

myProjects/project_21/main21-3.py

```
01    import tkinter
02    import tkinter.font
03    import os
04    import time
05
06    def time1000mS():
07        temp = os.popen("vcgencmd measure_temp").readline()
08        temp = temp.replace("temp=","").replace("'C","")
09        print(temp)
10        label.config(text=temp)
11        window.after(1000, time1000mS)
12
13    window = tkinter.Tk()
14    window.title("CPU TEMPERATURE")
15    window.geometry("400x100")
16    window.resizable(False,False)
17
18    font = tkinter.font.Font(size = 30)
19    label=tkinter.Label(window, text="hello", font=font)
20    label.pack()
21
22    time1000mS()
23
24    window.mainloop()
```

02: tkinter.font 모듈을 불러옵니다.

18: 글자 크기를 30으로 합니다.

19: 폰트를 추가합니다.

[실행 결과]

[▶] 눌러 코드를 실행합니다. 온도가 표시되는 글자크기가 커졌다.

[결과 동영상]

다음은 작품의 동작 결과 동영상의 유튜브 주소입니다.

https://youtu.be/FrxtDJD2Kw0

작품 22 ‖ 라즈베리 파이의 CPU 온도 낮추는 FAN 만들기 _GUI로 CPU 온도 및 팬 속도 표시하기

학습 목표

라즈베리 파이의 CPU의 온도를 측정하고 온도에 따라서 FAN의 속도가 변경되는 프로그램을 만들어 봅니다. CPU의 온도와 FAN의 속도는 GUI로 표시되었습니다.

[라즈베리파이 케이스와 FAN 조립하기]

FAN을 동작시켜 라즈베리 파이의 CPU의 온도를 낮추기 위해 FAN이 연결 가능한 케이스를 준비하고 조립합니다.

라즈베리 파이 케이스와 팬을 준비합니다.

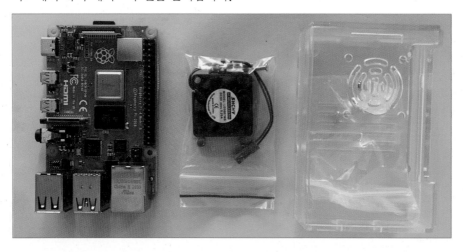

케이스의 커넥터 부분은 드라이브의 − 부분을 이용하여 지렛대의 원리로 분리합니다. 또는 니퍼등을 이용하여 자릅니다.

케이스의 윗면과 팬을 조립합니다.

케이스의 바깥쪽에 볼트를 넣어 팬과 고정입니다.

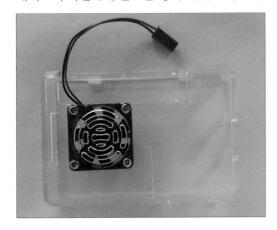

케이스의 안쪽은 너트를 이용하여 고정시킵니다. 케이스의 안쪽에 팬의 스티커가 붙어있습니다.

케이스의 바닥면과 라즈베리 파이를 고정합니다.

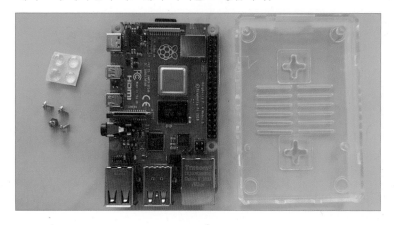

4군데 볼트를 조립하였습니다.

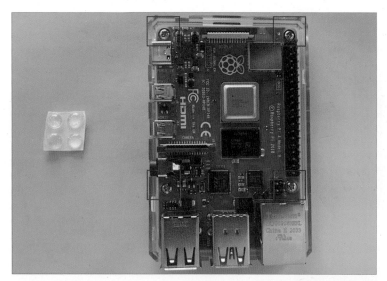

바닥에 고무 발을 붙입니다.

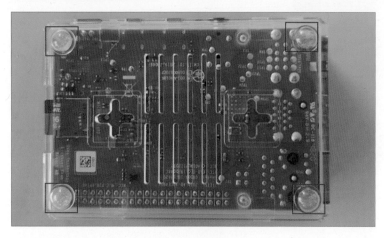

케이스의 윗면과 바닥면을 조립합니다.

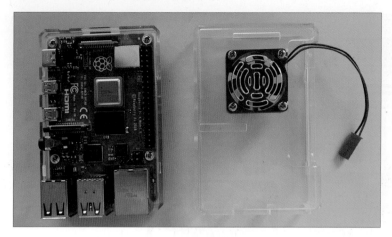

완성되었습니다.

[준비물]

다음과 같은 부품을 준비한다.

부품명	수량
브레드보드	1개
모터 드라이버	1개
FAN 모터(케이스에 달려있음)	1개
수/수 점퍼케이블	2개
암/수 점퍼케이블	8개

[회로 구성]

브레드보드에 다음의 회로를 꾸며 연결합니다.

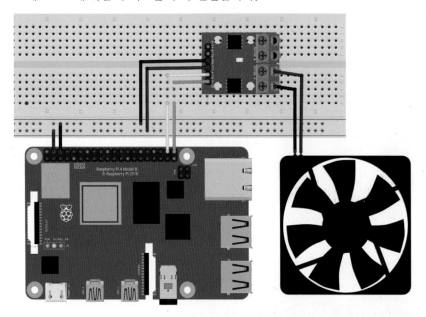

모터 드라이버의 VCC는 5V GND는 GND와 연결합니다. 모터 드라이버의 A-IA는 GPIO 20, A-IB는 GPIO 21번에 연결합니다.

FAN 모터는 수/수 점퍼케이블을 이용하여 모터 드라이버에 연결합니다 위의 그림을 참조하여 빨간색, 검정색을 색상에 맞춰 연결합니다.

[라즈베리파이 코드 작성]

모터를 동작시키는 코드를 만들어 봅니다.

myProjects/project_22/main22.py

```
01    from gpiozero import Motor
02    import time
03
04    motor = Motor(21, 20)
05
06    try:
07        while 1:
08            motor.stop()
09            print("0")
10            time.sleep(5.0)
11
12            motor.forward(0.5)
13            print("50")
14            time.sleep(5.0)
15
```

```
16              motor.forward(1.0)
17              print("100")
18              time.sleep(5.0)
19
20      except KeyboardInterrupt:
21          pass
22
23      motor.stop()
```

01: 'gpiozero' 라이브러리에서 'Motor' 클래스를 가져옵니다.
04: GPIO 핀 21과 20을 사용하여 'motor'라는 모터 객체를 생성합니다.
08: 모터를 정지합니다.
12: 모터를 전진 방향으로 50% 속도로 회전시킵니다.
16: 모터를 전진 방향으로 100% 속도로 회전시킵니다.

[실행 결과]

[▶] 눌러 코드를 실행합니다. Shell 영역을 확인하면 현재 PWM 듀티사이클을 확인할 수 있습니다.

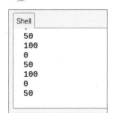

모터가 돌아가는 것을 확인해봅니다. 우리가 사용하는 FAN 모터는 조용한 모터이기 때문에 듀티사이클이 50%, 100%를 소리나 육안으로 확인하기가 어렵습니다. 동작이 되는구나 정도로 확인합니다.

[라즈베리파이 코드 작성]

CPU의 온도를 측정하여 40도 미만일 때는 팬이 돌지 않고 40~59도일 때는 팬이 70%의 속도로 60도 이상일 때는 100%의 속도로 돌아가는 코드를 만들어 봅니다.

tkinter GUI 프로그램을 이용합니다.

myProjects/project_22/main22-1.py

```
01      import tkinter
02      import tkinter.font
03      import os
04      import time
05      from gpiozero import Motor
06
07      motor = Motor(21, 20)
08
09      def time1000mS():
10          temp = os.popen("vcgencmd measure_temp").readline()
11          temp = temp.replace("temp=","").replace("'C","")
12          temp = float(temp)
13          print(temp)
14          fanSpeed = "0%"
```

```
15          if temp <40 :
16              motor.forward(0.4)
17              fanSpeed = "0%"
18          elif temp >=40 and temp <59:
19              motor.forward(0.7)
20              fanSpeed = "70%"
21          elif temp >=60:
22              motor.forward(1.0)
23              fanSpeed = "100%"
24      display =str(temp) +"C"+"   "+ fanSpeed
25      label.config(text=display)
26      window.after(1000,time1000mS)
27
28  window = tkinter.Tk()
29  window.title("CPU TEMPERATURE")
30  window.geometry("400x100")
31  window.resizable(False,False)
32
33  font = tkinter.font.Font(size =30)
34  label=tkinter.Label(window, text="hello", font=font)
35  label.pack()
36
37  time1000mS()
38
39  window.mainloop()
```

15-23 : 온도에 따라 팬의 속도를 조절합니다. 40℃ 미만이면 팬을 멈추고, 40℃ 이상 59℃ 미만이면 팬을 70% 속도로
회전시키고, 60℃ 이상이면 팬을 100% 속도로 회전시킵니다.

37 : time1000mS 함수를 호출하여 온도를 실시간으로 표시하는 반복 작업을 시작합니다.

[실행 결과]

[▶] 눌러 코드를 실행합니다.

GUI 프로그램에서 CPU의 온도와 FAN의 속도가 표시되었습니다.

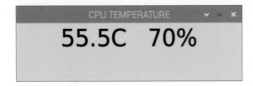

[결과 동영상]

다음은 작품의 동작 결과 동영상의 유튜브 주소입니다.

https://youtu.be/2JO5Pwvia80

LED, FAN을 제어하는 GUI 프로그램 만들기

학습 목표

GUI 프로그램을 이용하여 LED와 FAN을 제어하는 프로그램을 만들어 봅니다. GUI에서 LED의 ON OFF와 FAN의 속도를 제어할 수 있습니다.

[준비물]

다음과 같은 부품을 준비합니다.

부품명	수량
브레드보드	1개
모터 드라이버	1개
FAN 모터(케이스에 달려있음)	1개
LED빨강	1개
LED녹색	1개
220옴저항(빨빨검검갈)	2개
수/수 점퍼케이블	2개
암/수 점퍼케이블	10개

[회로 구성]

브레드보드에 다음의 회로를 꾸며 연결합니다.

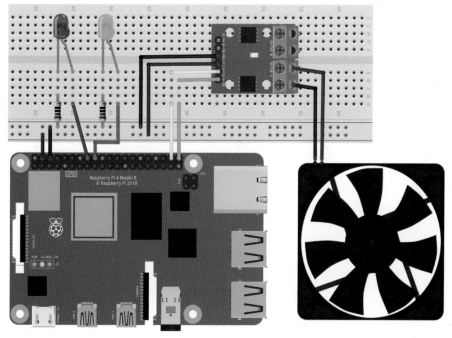

모터 드라이버의 VCC는 5V GND는 GND와 연결합니다. 모터 드라이버의 A-IA는 GPIO 20, A-IB는 GPIO 21번에 연결합니다.

FAN 모터는 수/수 점퍼케이블을 이용하여 모터 드라이버에 연결합니다 위의 그림을 참조하여 빨간색, 검정색을 색상에 맞춰 연결합니다.

빨간색 LED의 긴 다리는 라즈베리 파이의 GPIO 23번 핀에 녹색 LED의 긴 다리는 라즈베리 파이의 GPIO 24번 핀에 연결합니다.

[라즈베리파이 코드 작성]

tkinter를 이용하여 버튼을 만들고 버튼을 누르면 LED를 ON/OFF 할 수 있는 프로그램을 만들어 봅니다.

myProjects/project_23/main23.py

```
01    import tkinter
02    import tkinter.font
03    from gpiozero import LED
04
05    redLedPin = LED(23)
06    greenLedPin = LED(24)
07
08    def redLedOn():
09        redLedPin.on()
10
11    def redLedOff():
12        redLedPin.off()
13
14    def greenLedOn():
15        greenLedPin.on()
16
17    def greenLedOff():
18        greenLedPin.off()
19
20    window = tkinter.Tk()
21    window.title("LED FAN CONTROL")
22    window.geometry("400x400")
23    window.resizable(False,False)
24
25    font = tkinter.font.Font(size =15)
26    redLedLabel=tkinter.Label(window, text="RED LED", font=font)
27    redLedOnBtn = tkinter.Button(window, width =6, height =2, text="on", command=redLedOn)
28    redLedOffBtn = tkinter.Button(window, width =6, height =2, text="off", command=redLedOff)
29    greenLedLabel=tkinter.Label(window, text="GREEN LED", font=font)
30    greenLedOnBtn = tkinter.Button(window, width =6, height =2, text="on", command=greenLedOn)
```

```
31      greenLedOffBtn = tkinter.Button(window, width =6, height =2, text=" off ", command=greenLedOff)
32
33      redLedLabel.grid(row =0, column =0)
34      redLedOnBtn.grid(row =0, column =1)
35      redLedOffBtn.grid(row =0, column =2)
36      greenLedLabel.grid(row =1, column =0)
37      greenLedOnBtn.grid(row =1, column =1)
38      greenLedOffBtn.grid(row =1, column =2)
39
40      window.mainloop()
```

01-03: 필요한 Tkinter 및 gpiozero 라이브러리를 가져옵니다.

05-06: GPIO 핀 23과 24를 사용하여 두 개의 LED 객체('redLedPin' 및 'greenLedPin')를 생성합니다.

08-12: 'redLedOn' 함수를 정의하여 빨간 LED를 켜는 역할을 합니다.

14-18: 'redLedOff' 함수를 정의하여 빨간 LED를 끄는 역할을 합니다.

26-31: 빨간 LED와 녹색 LED를 제어하기 위한 Label과 Button 위젯을 생성합니다. 각 버튼의 'command' 매개변수에 함수를 연결하여 버튼을 클릭할 때 해당 함수가 실행되도록 합니다.

33-38: Label과 Button 위젯을 grid를 사용하여 화면에 배치합니다.

[실행 결과]

[▶] 눌러 코드를 실행합니다.

라벨과 버튼이 그리드 형식으로 배치되었고 [on] [off] 버튼으로 LED를 켜고 끌수 있습니다.

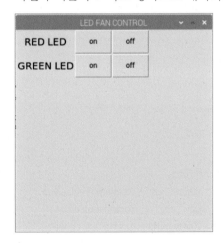

이제 FAN의 속도를 제어하기 위해 스크롤바를 이용하여 속도를 제어하는 코드를 만들어 봅니다.

```
01    import tkinter
02    import tkinter.font
03    from gpiozero import LED,Motor
04
05    redLedPin = LED(23)
06    greenLedPin = LED(24)
07
08    motor = Motor(21, 20)
09
10    def redLedOn():
11        redLedPin.on()
12
13    def redLedOff():
14        redLedPin.off()
15
16    def greenLedOn():
17        greenLedPin.on()
18
19    def greenLedOff():
20        greenLedPin.off()
21
22    def fanSpeed(self):
23        value = scale.get() /100.0
24        print(value)
25        motor.forward(value)
26
27    window = tkinter.Tk()
28    window.title("LED FAN CONTROL")
29    window.geometry("400x400")
30    window.resizable(False,False)
31
32    font = tkinter.font.Font(size =15)
33    redLedLabel = tkinter.Label(window, text="RED LED", font=font)
34    redLedOnBtn = tkinter.Button(window, width =6, height =2, text="on", command=redLedOn)
35    redLedOffBtn = tkinter.Button(window, width =6, height =2, text="off", command=redLedOff)
36    greenLedLabel = tkinter.Label(window, text="GREEN LED", font=font)
37    greenLedOnBtn = tkinter.Button(window, width =6, height =2, text="on", command=greenLedOn)
38    greenLedOffBtn = tkinter.Button(window, width =6, height =2, text="off", command=greenLedOff)
39
40    fanLabel = tkinter.Label(window, text="FAN SPEED", font=font)
41    var = tkinter.IntVar()
42    scale = tkinter.Scale(window, variable=var, command=fanSpeed, orient="horizontal",
43                    showvalue=False,tickinterval=10,to=100, length=300)
44
45    redLedLabel.grid(row =0, column =0)
```

```
46      redLedOnBtn.grid(row =0, column =1)
47      redLedOffBtn.grid(row =0, column =2)
48      greenLedLabel.grid(row =1, column =0)
49      greenLedOnBtn.grid(row =1, column =1)
50      greenLedOffBtn.grid(row =1, column =2)
51      fanLabel.grid(row =2, column =0, columnspan=3)
52      scale.grid(row =3, column =0, columnspan=3)
53
54      window.mainloop()
```

33~38 : 빨간 LED, 녹색 LED 및 모터 속도를 제어하기 위한 Label, Button 및 Scale 위젯을 생성합니다. Scale 위젯은 모터의 속도를 조절하기 위한 슬라이더 역할을 합니다.

40~43 : Scale 위젯의 값을 변경할 때 호출될 함수인 'fanSpeed'를 정의합니다.

23 : Scale 위젯이 값을 가져와서 0에서 1 사이로 정규화합니다.

25 : 모터를 정방향으로 회전시키고, 모터 속도를 설정한 값으로 조절합니다.

[실행 결과]

[▶] 눌러 코드를 실행합니다.

FAN의 속도를 제어할 수 있는 scale 바가 생성되었고 FAN의 속도조절이 가능합니다.

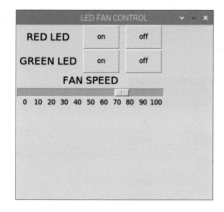

[결과 동영상]

다음은 작품의 동작 결과 동영상의 유튜브 주소입니다.

https://youtu.be/q0sbnmU2XyU

작품 24 | 기상청 날씨 표시기 만들기

학습 목표

기상청에서 제공하는 RSS사이트에 접속해서 자신의 지역의 날씨 정보를 GUI 프로그램을 만들어 표시합니다.

[시간별 예보 데이터 받기]

다음의 주소를 입력하여 기상청 RSS 사이트에 접속합니다.

https://www.weather.go.kr/weather/lifenindustry/sevice_rss.jsp

기상청에서 제공하는 RSS 서비스를 이용할 수 있는 페이지에 접속하였습니다.

동네예보 〉 시간별예보에서 자신이 찾고싶 은 지역을 검색한 후 [RSS]를 클릭합니다.

시도를 입력 후 [검색] 버튼을 눌러줘야 하위의 지역이 나타납니다.

필자가 살고있는 경기도 시흥시 은행동을 예로 들어 진행합니다.

[RSS]를 클릭하면 팝업 창이 생긴다.

경기도 시흥시 은행동의 시간별예보를 확인할 수 있는 주소를 Ctrl + C 를 눌러 복사합니다.

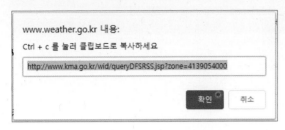

크롬 등 웹에서 접속시 아래와 같이 XML 형태의 날씨 예보 데이터를 확인할 수 있습니다.

아래와 같이 2021년 07월 14일 (수)요일 14:00의 온도는 29도 습도는 70%로 확인이 가능합니다. 예보 데이터 이다 보니 아래로 내리면 이후의 예측된 기상 데이터도 확인할 수 있습니다.

출력되는 형태를 XML 형태로 라즈베리 파이에서 접속 후 값을 받아 올 수 있습니다.

```
This XML file does not appear to have any style information associated with
▼<rss version="2.0">
  ▼<channel>
      <title>기상청 동네예보 웹서비스 - 경기도 시흥시 은행동 도표예보</title>
      <link>http://www.kma.go.kr/weather/main.jsp</link>
      <description>동네예보 웹서비스</description>
      <language>ko</language>
      <generator>동네예보</generator>
      <pubDate>2021년 07월 14일 (수)요일 14:00</pubDate>
    ▼<item>
        <author>기상청</author>
        <category>경기도 시흥시 은행동</category>
        <title>동네예보(도표) : 경기도 시흥시 은행동 [X=57,Y=124]</title>
        <link>http://www.kma.go.kr/weather/forecast/timeseries.jsp?searchType=INT
        <guid>http://www.kma.go.kr/weather/forecast/timeseries.jsp?searchType=INT
      ▼<description>
        ▼<header>
            <tm>202107141400</tm>
            <ts>4</ts>
            <x>57</x>
            <y>124</y>
          </header>
        ▼<body>
          ▼<data seq="0">
              <hour>18</hour>
              <day>0</day>
              <temp>29.0</temp>
              <tmx>-999.0</tmx>
              <tmn>-999.0</tmn>
              <sky>3</sky>
              <pty>0</pty>
              <wfKor>구름 많음</wfKor>
              <wfEn>Mostly Cloudy</wfEn>
              <pop>10</pop>
              <r12>0.0</r12>
              <s12>0.0</s12>
              <ws>3.6</ws>
              <wd>5</wd>
              <wdKor>남서</wdKor>
              <wdEn>SW</wdEn>
              <reh>70</reh>
              <r06>0.0</r06>
              <s06>0.0</s06>
            </data>
```

[라즈베리파이 코드 작성]

라즈베리 파이에서 파이썬 코드를 작성하여 예보 페이지에 접속하여 데이터를 출력해봅니다.

```
myProjects/project_24/main24.py

01 import requests
02
03 url = " http://www.kma.go.kr/wid/queryDFSRSS.jsp?zone=4139054000 "
04 response = requests.get(url)
05
06 print(response.text)
```

01: 웹페이지에 접속하는 requests 모듈을 불러옵니다.
03: 접속할 url를 바인딩합니다.
04: 페이지에 접속하여 값을 받아옵니다.
06: 페이지의 text 값을 출력합니다.

[실행 결과]

[▶] 눌러 코드를 실행합니다.

Shell 영역에 웹페이지에서 확인했던 데이터가 출력되었습니다.

```
Shell
<?xml version="1.0" encoding="UTF-8" ?>
<rss version="2.0">
<channel>
<title>기상청 동네예보 웹서비스 - 경기도 시흥시 은행동 도표예보</title>
<link>http://www.kma.go.kr/weather/main.jsp</link>
<description>동네예보 웹서비스</description>
<language>ko</language>
<generator>동네예보</generator>
<pubDate>2021년 07월 14일 (수)요일 14:00</pubDate>
  <item>
<author>기상청</author>
<category>경기도 시흥시 은행동</category>
<title>동네예보(도표) : 경기도 시흥시 은행동 [X=57,Y=124]</title><link>
```

기상청에서 제공하는 XML 형식으로 re의 정규식을 사용하여 쉽게 데이터를 파싱할 수 있습니다.

온도는 ⟨temp⟩온도⟨/temp⟩ 사이에 있고 습도는 ⟨reh⟩습도⟨/reh⟩ 사이에 있습니다.

```
▼<data seq="0">
    <hour>18</hour>
    <day>0</day>
    <temp>29.0</temp>
    <tmx>-999.0</tmx>
    <tmn>-999.0</tmn>
    <sky>3</sky>
    <pty>0</pty>
    <wfKor>구름 많음</wfKor>
    <wfEn>Mostly Cloudy</wfEn>
    <pop>10</pop>
    <r12>0.0</r12>
    <s12>0.0</s12>
    <ws>3.6</ws>
    <wd>5</wd>
    <wdKor>남서</wdKor>
    <wdEn>SW</wdEn>
    <reh>70</reh>
    <r06>0.0</r06>
    <s06>0.0</s06>
```

[라즈베리파이 코드 작성]

정규식을 사용하여 온도와 습도 데이터를 얻어봅니다. 다음의 코드를 작성합니다.

myProjects/project_24/main24-1.py

```
01 import requests
02 import re
03
04 url = "http://www.kma.go.kr/wid/queryDFSRSS.jsp?zone=4139054000"
05 response = requests.get(url)
06
07 temp = re.findall(r'<temp>(.+)</temp>',response.text)
08 humi = re.findall(r'<reh>(.+)</reh>',response.text)
09
10 print(temp)
11 print(humi)
```

07: temp변수에 온도데이터를 파싱하여 바인딩합니다.
08: humi변수에 습도데이터를 파싱하여 바인딩합니다.

[실행 결과]

[▶] 눌러 코드를 실행합니다.

온도와 습도의 데이터가 리스트로 출력되었습니다. <temp>온도</temp> <reh>습도</reh> 온도와 습도 데이터는 현재의 온도와 습도도 있고 예보이다 보니 미래의 온도와 습도 데이터도 함께 있기 때문에 여러개의 데이터가 리스트형태로 가져왔습니다.

```
Shell
  ['29.0', '26.0', '25.0', '25.0', '24.0', '27.0', '30.0', '30.0', '29.0', '26.0', '25.0', '24.0', '24.0', '26.0', '
  30.0', '30.0', '28.0', '26.0', '24.0']
>>> %Run main24-1.py
  ['29.0', '26.0', '25.0', '25.0', '24.0', '27.0', '30.0', '30.0', '29.0', '26.0', '25.0', '24.0', '24.0', '26.0', '
  30.0', '30.0', '28.0', '26.0', '24.0'] ['70', '80', '90', '90', '90', '75', '65', '65', '70', '80', '90', '90', '9
  0', '80', '65', '65', '75', '85', '90']
>>> %Run main24-1.py
  ['29.0', '26.0', '25.0', '25.0', '24.0', '27.0', '30.0', '30.0', '29.0', '26.0', '25.0', '24.0', '24.0', '26.0', '
  30.0', '30.0', '28.0', '26.0', '24.0']
  ['70', '80', '90', '90', '90', '75', '65', '65', '70', '80', '90', '90', '90', '80', '65', '65', '75', '85', '90']
>>>
```

[라즈베리파이 코드 작성]

현재의 온도와 습도만 GUI 프로그램을 만들어서 보여주도록 하여 완성합니다.

myProjects/project_24/main24-2.py

```
01 import requests
02 import re
03 import tkinter
04 import tkinter.font
05
```

```
06 def tick1Min():
07     url = "http://www.kma.go.kr/wid/queryDFSRSS.jsp?zone=4139054000"
08     response = requests.get(url)
09
10     temp = re.findall(r'<temp>(.+)</temp>',response.text)
11     humi = re.findall(r'<reh>(.+)</reh>',response.text)
12     display = str(temp[0]) + "C" + " " + str(humi[0]) + "%"
13
14     label.config(text=display)
15     window.after(60000,tick1Min)
16
17
18 window = tkinter.Tk()
19 window.title("TEMP HUMI DISPLAY")
20 window.geometry("400x100")
21 window.resizable(False,False)
22
23 font = tkinter.font.Font(size = 30)
24 label=tkinter.Label(window, text=" ", font=font)
25 label.pack()
26
27 tick1Min()
28
29 window.mainloop()
```

06~15: 1분마다 동작하는 함수로 기상청 RSS에 접속하여 현재 온도와 습도를 출력합니다.

[실행 결과]

[▶] 눌러 코드를 실행합니다.

기상청의 RSS 서비스를 이용하여 자신의 지역의 온도와 습도를 표시하는 GUI 프로그램을 완성하였습니다. 1분마다 접속하여 온도와 습도를 표시합니다.

작품 25 ‖ 공공데이터 미세먼지 표시장치 만들기

학습 목표

정부에서 운영하는 공공데이터포털에서 미세먼지 데이터를 받아와 미세먼지상태에 따라서 LED의 색상이 변하는 작품을 만들어 봅니다.

[준비물]

다음과 같은 부품을 준비합니다.

부품명	수량
브레드보드	1개
LED 녹색	1개
LED 파랑	1개
LED 빨강	1개
220옴저항(빨빨검검갈)	3개
암/수 점퍼케이블	4개

[회로 구성]

브레드보드에 다음의 회로를 꾸며 연결합니다.

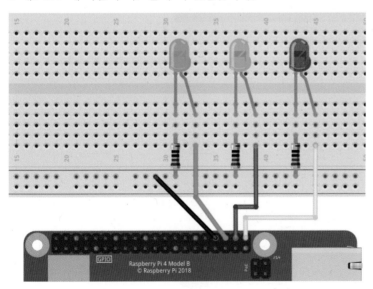

초록색 LED의 긴 다리는 라즈베리 파이의 GPIO16, 파란색 LED의 긴 다리는 라즈베리 파이의 GPIO 20, 빨간색 LED의 긴 다리는 라즈베리 파이의 GPIO 21번 핀에 연결합니다.

[공동데이터 가져오기]

공공데이터 포탈 가입 및 활용신청을 해봅니다.

[구글]에서 "공공데이터포털"을 검색하여 공공데이터포털 사이트에 접속합니다.

또는: https://www.data.go.kr/ 직접 접속합니다.

정부에서 운영하는 사이트로 여러 공공데이터를 제공합니다. 회원가입 후 로그인하여 진행합니다.

"대기오염정보"로 검색합니다.

오픈 API에서 [한국환경공단_에어코리아_대기오염정보]를 찾아 [활용신청]을 클릭합니다.

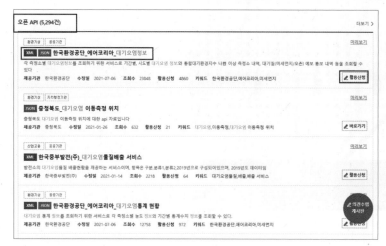

[활용목적을 적어준다] 필자는 [기타] 항목의 교육용으로 사용으로 적어주었습니다.

[동의]를 체크 후 [활용신청]을 클릭합니다.

[확인]을 눌러 계속 진행합니다.

"1~2시간 후 사용이 가능합니다"고 알려준다. [확인]을 눌러 계속 진행합니다.

1~2시간 기다린 후 다음을 진행합니다.

[마이페이지]에서 승인된 [한국환경공단_에어코리아_대기오염정보]를 클릭합니다.

활용신청 상세 기능정보에서 5번 항목인 [시도별 실시간 측정정보 조회]에서 [확인]을 클릭합니다.

일반 인증키 (Encoding)	fFWLxGIoKo8cQCIuS5Is1fVoiKXkdls%2FU5DSGRwzmbiwIBI0nIz5V6jllexlrGLKR9y8wV3E3i0SMPTLtAhyvw%3D%3D	
일반 인증키 (Decoding)	fFWLxGIoKo8cQCIuS5Is1fVoiKXkdls/U5DSGRwzmbiwIBI0nIz5V6jllexlrGLKR9y8wV3E3i0SMPTLtAhyvw==	

활용신청 상세기능정보

NO	상세기능	설명	일일 트래픽	미리보기
1	대기질 예보통보 조회	통보코드와 통보시간으로 예보정보와 발생 원인 정보를 조회하는 대기질(미세먼지/오존) 예보통보 조회	500	확인
2	초미세먼지 주간예보 조회	통보코드와 통보시간으로 대기질 전망과 주간예보 정보를 조회하는 초미세먼지 주간예보통보 조회	500	확인
3	측정소별 실시간 측정정보 조회	측정소명과 측정데이터 기간(일,한달,3개월)으로 해당 측정소의 일반항목 측정정보를 제공하는 측정소별 실시간 측정정보조회	500	확인
4	통합대기환경지수 나쁨 이상 측정소 목록조회	통합대기환경지수가 나쁨 등급 이상인 측정소명과 주소 목록 정보를 제공하는 통합대기환경지수 나쁨 이상 측정소 목록조회	500	확인
5	시도별 실시간 측정정보 조회	시도명을 검색조건으로 하여 시도별 측정소목록에 대한 일반 항목과 CAI최종 실시간 측정값과 지수 정보 조회 기능을 제공하는 시도별 실시간 측정정보 조회	500	확인

[미리보기]를 클릭합니다.

요청변수(Request Parameter)   닫기

항목명	샘플데이터	설명
serviceKey	-	공공데이터포털에서 받은 인증키
returnType	xml	xml 또는 json
numOfRows	100	한 페이지 결과 수
pageNo	1	페이지번호
sidoName	서울	시도 이름(전국, 서울, 부산, 대구, 인천, 광주, 대전, 울산, 경기, 강원, 충북, 충남, 전북, 전남, 경북, 경남, 제주, 세종)
ver	1.0	버전별 상세 결과 참고

미리보기

미세먼지 데이터가 출력되었습니다. 첫 번째로 나오는 서울 중구의 미세먼지 농도는 pm25는 12
pm10은 26입니다.

스크롤을 아래로 내리면 서울을 다양한 측정장소의 데이터를
확인할 수 있습니다.

```
▼<item>
    <so2Grade/>
    <coFlag/>
    <khaiValue>37</khaiValue>
    <so2Value>-</so2Value>
    <coValue>0.2</coValue>
    <pm25Flag/>
    <pm10Flag/>
    <o3Grade>1</o3Grade>
    <pm10Value>22</pm10Value>
    <khaiGrade>1</khaiGrade>
    <pm25Value>17</pm25Value>
    <sidoName>서울</sidoName>
    <no2Flag/>
    <no2Grade>1</no2Grade>
    <o3Flag/>
    <pm25Grade>1</pm25Grade>
    <so2Flag>자료이상</so2Flag>
    <dataTime>2021-07-15 09:00</dataTime>
    <coGrade>1</coGrade>
    <no2Value>0.016</no2Value>
    <stationName>용산구</stationName>
    <pm10Grade>1</pm10Grade>
    <o3Value>0.018</o3Value>
</item>
```

라즈베리 파이에서 페이지
에 접속하여 데이터를 얻기
위해 주소를 복사합니다.
접속 주소에는 자신의 인증
키도 포함되어있습니다.

[라즈베리파이 코드 작성]

이제 라즈베리 파이의 파이썬 프로그램을 이용하여 웹페이지에 접속 후 미세먼지와 측정소를 출력
하는 코드를 만들어 봅니다.

myProjects/project_25/main25.py

```
01 import requests
02 import re
03
04 url = "http://apis.data.go.kr/B552584/ArpltnInforInqireSvc/getCtprvnRltmMesureDnsty?ser-
   viceKey=fFWLxGIoKo8cQCIuS5Is1fVoiKXkdls%2FU5DSGRwzmbiwIBI0nlz5V6jllexlrGLKR9y8wV3E3i0SMPTL-
   tAhyvw%3D%3D&returnType=xml&numOfRows=100&pageNo=1&sidoName=%EC%84%9C%EC%9A%B8&ver=1.0"
05 response = requests.get(url)
06
07 pm10 = re.findall(r'<pm10Value>(.+)</pm10Value>',response.text)
08 pm25 = re.findall(r'<pm25Value>(.+)</pm25Value>',response.text)
09 stationName = re.findall(r'<stationName>(.+)</stationName>',response.text)
10
11 print(pm10)
12 print(pm25)
13 print(stationName)
```

04   : 자신의 API키가 포함된 웹 페이지 접속 주소를 입력합니다.

07   : pm10 값을 모두찾아 pm10변수에 바인딩합니다.

08   : pm25 값을 모두찾아 pm25변수에 바인딩합니다.

09   : 측정소의 값을 모두찾아 stationName변수에 바인딩합니다.

11~13 : 값을 출력합니다.

[실행 결과]

[▶] 눌러 코드를 실행합니다. PM10, PM25, 측정소의 데이터가 리스트로 출력되었음을 확인할 수 있습니다.

'강남구'의 미세먼지 데이터를 얻고 싶습니다. stationName의 리스트에서 '강남구'가 위치한 리스트의 위치를 찾고 pm10, pm20 변수에 각각의 위치를 찾으면 강남구의 미세먼지 데이터를 얻을 수 있습니다.

[라즈베리파이 코드 작성]

다음의 코드를 작성하여 강남구의 미세먼지 데이터를 찾아봅니다

myProjects/project_25/main25-1.py

```
01 import requests
02 import re
03
04 url = "http://apis.data.go.kr/B552584/ArpltnInforInqireSvc/getCtprvnRltmMesureDnsty?ser-
   viceKey=fFWLxGIoKo8cQCIuS5Is1fVoiKXkdls%2FU5DSGRwzmbiwIBI0nlz5V6jllexlrGLKR9y8wV3E3i0SMPTL-
   tAhyvw%3D%3D&returnType=xml&numOfRows=100&pageNo=1&sidoName=%EC%84%9C%EC%9A%B8&ver=1.0 "
05 response = requests.get(url)
06
07 pm10 = re.findall(r ' <pm10Value>(.+)</pm10Value> ' ,response.text)
08 pm25 = re.findall(r ' <pm25Value>(.+)</pm25Value> ' ,response.text)
09 stationName = re.findall(r ' <stationName>(.+)</stationName> ' ,response.text)
10
11 findNum = stationName.index(' 강남구 ')
12
13 print(" pm10: ",pm10[findNum])
14 print(" pm25: ",pm25[findNum])
15 print(" station: ",stationName[findNum])
```

11: sationName 리스트에서 '강남구'의 위치를 찾아 findNum 변수에 바인딩합니다.

[실행 결과]

[▶] 눌러 코드를 실행합니다. 강남구의 현재 PM10, PM25의 미세먼지 농도가 출력되었습니다.

이제 미세먼지값에 따라서 RGB LED에 직관적으로 표시하여봅니다.

미제먼지 기준은 PM25 값을 기준으로 합니다.

미세먼지의 기준은 아래의 표로 확인할 수 있습니다.

좋음(초록색)	보통(파랑색)	나쁨(빨간색)	매우나쁨(모두켜짐)
0~30	31~80	81~150	151이상

[라즈베리파이 코드 작성]

미세먼지 값에 따라서 RGB LED의 색상을 표시해주는 코드를 만들고 작품을 완성하도록 합니다.₩

myProjects/project_25/main25-2.py

```
01    from gpiozero import LED
02    import time
03    import requests
04    import re
05
06    greenLed = LED(16)
07    blueLed = LED(20)
08    redLed = LED(21)
09
10    try:
11        while True:
12            url = "http://apis.data.go.kr/B552584/ArpltnInforInqireSvc/getCtprvnRltmMesureDnsty?serviceKey=fFWLxGIoKo8cQCIuS5Is1fVoiKXkdls%2FU5DSGRwzmbiwIBI0nlz5V6jllexlrGLKR9y8wV3E3i0SMPTLtAhyvw%3D%3D&returnType=xml&numOfRows=100&pageNo=1&sidoName=%EC%84%9C%EC%9A%B8&ver=1.0"
13            response = requests.get(url)
14
15            pm10 = re.findall(r'<pm10Value>(.+)</pm10Value>',response.text)
16            pm25 = re.findall(r'<pm25Value>(.+)</pm25Value>',response.text)
17            stationName = re.findall(r'<stationName>(.+)</stationName>',response.text)
18
19            findNum = stationName.index('강남구')
20            print("pm10:",pm10[findNum])
21            print("pm25:",pm25[findNum])
22            print("station:",stationName[findNum])
23
24            pm25 =int(pm25[findNum])
25            if pm25 <=30:
26                greenLed.on()
27                blueLed.off()
28                redLed.off()
29            elif pm25 >=31 and pm25 <=80:
30                greenLed.off()
31                blueLed.on()
32                redLed.off()
33            elif pm25 >=81 and pm25 <=150:
34                greenLed.off()
35                blueLed.off()
36                redLed.on()
37            elif pm25 >=151:
```

```
38              greenLed.on()
39              blueLed.on()
40              redLed.on()
41
42          for i in range(60):
43              time.sleep(60000)
44
45      except KeyboardInterrupt:
46          pass
47
48      greenLed.off()
49      blueLed.off()
50      redLed.off()
```

24   : 숫자형으로 형변환을하여 pm25 변수에 다시 바인딩하였습니다.

25~28 : pm25의 미세먼지가 30이하이면 녹색 LED가 켜집니다.

29~32 : pm25의 미세먼지가 31~80이면 파란색 LED가 켜집니다.

33~36 : pm25의 미세먼지가 81~150이면 빨간색 LED가 켜집니다.

37~40 : pm25의 미세먼지가 151이상이면 모든 LED가 켜집니다.

[실행 결과]

[▶] 눌러 코드를 실행합니다.

```
Shell
    pm10: 24
    pm25: 11
    station: 강남구

Python 3.7.3 (/usr/bin/python3
>>> %Run main25-2.py
    pm10: 24
    pm25: 11
    station: 강남구
```

PM25의 미세먼지가 11로 미세먼지 농도가 좋음을 LED로 나타내었습니다.

작품 26 | 이메일 보내기

학습 목표
라즈베리 파이를 이용하여 이메일을 보내는 방법에 대해서 알아봅니다. 나의 구글 계정을 이용하여 메일을 전송해봅니다.

[회로 구성]

회로는 라즈베리 파이만을 사용합니다.

[구글 이메일 설정하기]

구글 설정을 통해 ESP32 장치에서 이메일을 보내도록 합니다. 구글에서 Gamil에 접속합니다.

[톱니바퀴] 아이콘을 클릭 후 [모든 설정 보기]를 클릭합니다.

[전달 및 POP/IMAP] 탭에서 [IMAP 사용]을 체크하고 [변경사항 저장]을 눌러 설정을 저장합니다.

외부장치에서 나의 구글 계정을 통해 이메일을 보내기 위해서는 2단계 설정이 되어야 합니다. [Google 계정 관리]로 이동합니다.

[보안] 탭으로 이동하여 [2단계 인증]을 클릭합니다.

스크롤을 아래로 내려 [앱 비밀번호] 부분을 찾아 클릭합니다.

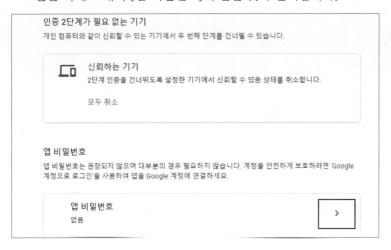

앱 비밀번호를 사용할 앱의 이름을 입력합니다. raspberry_email로 입력하였습니다. [만들기]를 클릭하여 앱 비밀번호를 생성합니다.

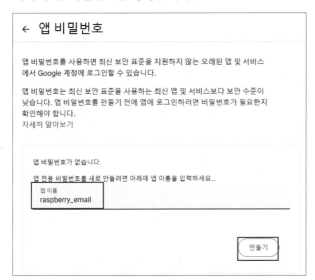

생성된 앱 비밀번호를 복사해둡니다. 앱 비밀번호는 생성된 지금만 확인이 가능하므로 잘 복사해서 저정해둡니다. 비밀번호를 저장하지 않았다면 앱을 삭제 후 다시 생성합니다.

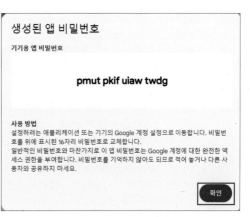

앱 비밀번호를 복사하여 잘 저장합니다.

앱 비밀번호의 생성이 완료되었습니다.

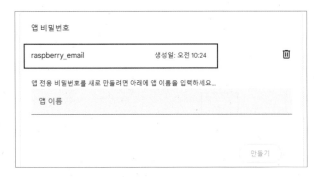

[라즈베리파이 코드 작성]

Gmail 서버를 통해 이메일을 보내는 코드를 작성해봅니다.

```
myProjects/project_25/main26.py
01   import smtplib
02   from email.mime.multipart import MIMEMultipart
03   from email.mime.text import MIMEText
04
05   # 이메일 서버 설정
06   smtp_server = "smtp.gmail.com"
07   smtp_port =587
08   email_address = "munjjac@gmail.com"
09   password = "pmut pkif uiaw twdg"
10
11   # 이메일 수신자 설정
12   recipient_email = "munjjac@hanmail.net"
13
14   # 이메일 내용 생성
15   msg = MIMEMultipart()
16   msg['From'] = email_address
17   msg['To'] = recipient_email
18   msg['Subject'] = "라즈베리 파이에서 보낸 이메일"
19   message = "라즈베리 파이에서 보내는 테스트 메시지입니다."
20   msg.attach(MIMEText(message, 'plain'))
21
22   # SMTP 서버에 연결하고 이메일 보내기
23   server = smtplib.SMTP(smtp_server, smtp_port)
24   server.starttls()
25   server.login(email_address, password)
26   server.send_message(msg)
27   server.quit()
```

01~03 : 필요한 라이브러리를 가져옵니다. 'smtplib'는 이메일을 보내기 위한 라이브러리이며, 'email.mime.multipart'와 'email.mime.text'는 이메일 메시지를 생성하기 위한 클래스를 포함하고 있습니다.

06~07 : SMTP 서버와 포트를 설정합니다. Gmail의 SMTP 서버와 포트는 보통 smtp.gmail.com 및 587을 사용합니다.

08~09 : 이메일 주소와 비밀번호를 설정합니다. 이메일 주소는 발신자의 Gmail 주소이며, 비밀번호는 Gmail 계정의 액세스 비밀번호 또는 앱 비밀번호입니다. 보안을 위해 비밀번호를 코드에 하드코딩하는 것은 권장되지 않으며, 보안을 강화하기 위해 환경 변수나 별도의 설정 파일을 사용해야 합니다.

12 : 수신자의 이메일 주소를 설정합니다.

15~20 : 이메일 내용을 생성합니다. 'MIMEMultipart' 객체를 생성하고, 발신자, 수신자, 제목 및 본문을 설정합니다.

23 : SMTP 서버에 연결합니다.

24 : TLS (Transport Layer Security) 암호화를 시작합니다. 이 단계는 안전한 통신을 위한 것입니다.

25 : 이메일 계정으로 로그인합니다.

26 : 'server.send_message(msg)'를 사용하여 이메일을 보냅니다. 'msg'는 이메일 메시지 객체입니다.

[실행 결과]

[▶] 눌러 코드를 실행합니다.

나의 구글 계정을 통해 라즈베리 파이에서 이메일을 전송하였습니다. 잘 수신 받았습니다.

[라즈베리파이 코드 작성]

매 10분마다 라즈베리 파이의 CPU의 온도를 측정하여 이메일을 전송하는 코드를 작성해봅니다.

```
myProjects/project_25/main26-1.py
01    import os
02    import time
03    import smtplib
04    from email.mime.multipart import MIMEMultipart
05    from email.mime.text import MIMEText
06
07    def get_cpu_temperature():
08        temp = os.popen("vcgencmd measure_temp").readline()
09        temp = temp.replace("temp=", "").replace("'C\n", "")
10        return float(temp)
11
12    def send_email(subject, message):
13        smtp_server = "smtp.gmail.com"
14        smtp_port =587
15        email_address = "munjjac@gmail.com"
```

```
16          password = "pmut pkif uiaw twdg"
17          recipient_email = "munjjac@hanmail.net"
18
19          msg = MIMEMultipart()
20          msg['From'] = email_address
21          msg['To'] = recipient_email
22          msg['Subject'] = subject
23          msg.attach(MIMEText(message, 'plain'))
24
25          server = smtplib.SMTP(smtp_server, smtp_port)
26          server.starttls()
27          server.login(email_address, password)
28          server.send_message(msg)
29          server.quit()
30
31      while True:
32          cpu_temp = get_cpu_temperature()
33          print(f"Current CPU Temperature: {cpu_temp}°C")
34          subject = "라즈베리 파이 CPU 온도 알림"
35          message = f"현재 CPU 온도: {cpu_temp}°C"
36
37          send_email(subject, message)
38          time.sleep(600) # 10분 동안 대기
```

31~38 : 무한 루프를 시작합니다. 이 루프에서는 CPU 온도를 측정하고 이메일을 보냅니다.

32 : 'get_cpu_temperature' 함수를 호출하여 현재 CPU 온도를 가져옵니다.

34~35 : 이메일의 제목과 메시지를 설정합니다.

37 : 'send_email' 함수를 호출하여 이메일을 보냅니다.

38 : 10분 동안 대기합니다.

[실행 결과]

[▶] 눌러 코드를 실행합니다. 라즈베리 파이의 CPU 온도를 측정하였습니다.

```
Shell ×
>>> %Run main26-1.py
  Current CPU Temperature: 50.5°C
```

이메일을 정상적으로 전송하였습니다. 매 10분마다 이메일을 전송합니다.

작품 27 ‖‖ 텔레그램으로 주식 시세를 알려주는 알리미 만들기

학습 목표

매번 주식시세를 검색해서 확인하기가 힘들기 때문에 주식시세를 자동으로 검색하고 텔레그램으로 현재 시세를 알려주는 알리미를 만들어 봅니다.

[라이브러리 설치]

Thonnt IDE에서 가상 환경의 파이썬으로 선택되었는지 확인한 후 [Open system shell]을 클릭하여 터미널을 열어줍니다.

다음의 명령어를 터미널에 입력하여 python-telegram-bot 라이브러리를 설치합니다. python-telegram-bot 텔레그램을 사용하기 위한 라이브러리 입니다.

```
pip3 install telepot
```

파이썬에서 크롤링을 사용하기 위해서는 BeautifulSoup 라는 라이브러리가 필요합니다.

다음의 명령어를 터미널에 입력하여 BeautifulSoup를 설치합니다.

```
sudo apt-get install python3-bs4 -y
```

회로 연결은 하지 않고 라즈베리 파이만을 사용합니다.

네이버 금융사이트에서 https://finance.naver.com/item/main.nhn?code={종목코드}에 접속하여 종목코드에 해당하는 주식의 시세를 확인할 수 있습니다.

삼성전자의 종목코드는 005930 으로 크롬등의 웹브라우저를 통해 https://finance.naver.com/item/main.nhn?code=005930 에 접속하여봅니다.

2021.07.15.일 오후12시 15분의 삼성전자의 주식가격은 80,000입니다.

크롬 브라우저에서 [F12]를 누르면 오른쪽에 다음과 같은 메뉴가 열린다. 아래의 버튼을 클릭합니다. 내가 원하는 부분을 선택하면 값의 태그 등 속성값을 얻을 수 있습니다.

가격 부분을 선택하면 필요한 정보를 얻을 수 있습니다.

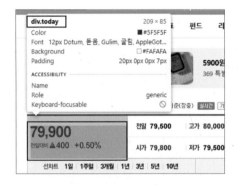

다음과 같이 오른쪽 화면에 선택된 속성 등의 확인이 가능합니다.

파이썬에서 크롤링을 이용하여 현재의 가격만을 추출해보도록 합니다.

크롤링이랑 웹사이트 등에서 내가 필요한 정보만을 추출해내는 방법입니다.

[라즈베리파이 코드 작성]

이제 사이트에 접속하여 내가 원하는 삼성전자의 현재 가격만을 크롤링 해봅니다.

```
myProjects/project_27/main27.py

01 import requests
02 from bs4 import BeautifulSoup
03
04 def get_price(com_code):
05     url = "https://finance.naver.com/item/main.nhn?code=" + com_code
06     result = requests.get(url, headers={'User-agent': 'Mozilla/5.0'})
07     bs_obj = BeautifulSoup(result.content, "html.parser")
08     no_today = bs_obj.find("p", {"class":"no_today"})
09     blind_now = no_today.find("span", {"class":"blind"})
10     return blind_now.text
11
12 print("삼성전자: ",get_price("005930"))
```

02　　: 크롤링을 위한 BeautifulSoup 모듈을 불러옵니다.

04~10 : 종목코드를 입력하면 현재의 가격을 반환하는 함수입니다.

08　　: "class":"no_today"를 찾습니다. 크롬 브라우저에서 [F12] 키를 눌러 찾았던 현재가격의 class가 no_today입니다.

09　　: "class":"blind"를 찾아 가격만 찾습니다.

10　　: 가격을 반환합니다.

[실행 결과]

[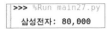] 눌러 코드를 실행합니다.

삼성전자의 현재 가격이 출력되었습니다.

```
>>> %Run main27.py
   삼성전자: 80,000
```


[텔레그램 봇 채널 생성]

텔레그램으로 메시지를 전송하기 위해 봇 채널을 생성합니다.

스마트폰의 텔레그램 앱을 열어 돋보기 아이콘을 클릭합니다.

"botfather"를 검색 후 BotFather를 선택하여 봇에 접속합니다.

BotFather의 채팅 중 [시작] 또는 [다시 시작] 버튼을 눌러 채팅을 시작합니다.

```
다시 시작
```

새로운 bot을 생성하기 위해 /newbot 을 클릭하여 메시지를 전송합니다.

I can help you create and manage Telegram bots. If you're new to the Bot API, please see the manual.

You can control me by sending these commands:

/newbot - create a new bot
/mybots - edit your bots [beta]

Edit Bots
/setname - change a bot's name
/setdescription - change bot description
/setabouttext - change bot about info
/setuserpic - change bot profile photo
/setcommands - change the list of commands
/deletebot - delete a bot

bot으로 생성할 이름을 전송하여 bot을 생성합니다. bot의 이름은 고유해야 하며 끝에 _bot으로 끝나는 이름으로 설정합니다.

HTTP API: 부분은 코드에서 사용하니 복사해둡니다.

t.me로 시작하는 부분을 클릭하여 bot에 접속합니다.

workpython40s_bot 오후 7:22

Done! Congratulations on your new bot. You will find it at t.me/workpython40s_bot. You can now add a description, about section and profile picture for your bot, see /help for a list of commands. By the way, when you've finished creating your cool bot, ping our Bot Support if you want a better username for it. Just make sure the bot is fully operational before you do this.

Use this token to access the HTTP API:
5681985043:AAHcNyrFiw3nxmCxZABREAEth fgu7Bld_sM
Keep your token **secure** and **store it safely**, it can be used by anyone to control your bot.

For a description of the Bot API, see this page:
https://core.telegram.org/bots/api 오후 7:22

내가 만든 bot에 접속 후 [시작]을 눌러 bot을 시작합니다.

```
시작
```

아무런 메시지를 전송합니다. bot을 활성화하는 과정입니다.

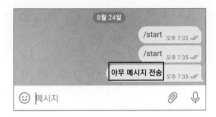

[라즈베리파이 코드 작성]

텔레그램의 채팅방 ID를 알아내는 코드를 만들어 봅니다.

다음의 코드를 작성합니다.

```
myProjects/project_2//main2/-1.py
01    import telepot
02    import time
03
04    def handle(msg):
05        content_type, chat_type, chat_id = telepot.glance(msg)
06        print("chat_id:",chat_id)
07        bot.sendMessage(chat_id, 'id: '+str(chat_id))
08
09    my_token = '5400967414:AAEmAvwaQF6du8gny7A9upRniGvtHOi-Ro0' # 토큰 입력
10    bot = telepot.Bot(my_token)
11
12    bot.message_loop(handle)
13
14    while True:
15        time.sleep(10)
```

1~2 : 필요한 라이브러리를 가져옵니다. 'telepot' 라이브러리는 Telegram 봇을 작성하기 위한 Python 라이브러리입니다.

4~8 : 'handle' 함수를 정의합니다. 이 함수는 Telegram 메시지를 처리하고 채팅 ID를 확인한 다음 해당 ID로 응답합니다.

5 : 메시지의 내용을 분석하여 메시지 유형, 채팅 유형 및 채팅 ID를 가져옵니다.

6 : 채팅 ID를 출력합니다.

7 : 'bot.sendMessage'를 사용하여 해당 채팅 ID로 메시지를 보냅니다.

9~10 : Telegram 봇 토큰을 설정합니다. 토큰은 Telegram 봇을 식별하는 데 사용됩니다.

12 : 'bot.message_loop(handle)'을 사용하여 봇이 메시지를 수신하면 'handle' 함수를 호출하도록 설정합니다.

14~15 : 무한 루프를 시작합니다. 봇은 메시지를 수신하고 채팅 ID를 확인하고, 10초마다 대기합니다.

[실행 결과]

[▶] 눌러 코드를 실행합니다.

코드를 실행한 상태로 텔레그램 봇에 메시지를 전송합니다. 응답으로 ID를 알려줍니다.

Shell서도 id를 확인할 수 있습니다.

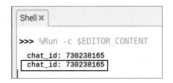

[라즈베리파이 코드 작성]

이제 10분마다 주식시세를 검색하고 텔레그램 나에게 메시지를 보내 완성시켜 봅니다.

telegram_id는 앞에서 얻은 id로 설정합니다.

```
myProjects/project_27/main27-2.py
01    import telepot
02    import requests
03    from bs4 import BeautifulSoup
04    import time
05
06    telegram_id = '730238165'
07    my_token = '5400967414:AAEmAvwaQF6du8gny7A9upRniGvtHOi-Ro0'
08
09    bot = telepot.Bot(my_token)
10
11    def get_price(com_code):
12        url = "https://finance.naver.com/item/main.nhn?code=" + com_code
```

```
13          result = requests.get(url, headers={'User-agent': 'Mozilla/5.0'})
14          bs_obj = BeautifulSoup(result.content, "html.parser")
15          no_today = bs_obj.find("p", {"class":"no_today"})
16          blind_now = no_today.find("span", {"class":"blind"})
17          return blind_now.text
18
19  try:
20      while True:
21          msg ="삼성전자의 현재가격은 " + get_price("005930") +" 입니다"
22          print(msg)
23          bot.sendMessage(chat_id = telegram_id, text = msg)
24          time.sleep(60000*10)
25
26  except KeyboardInterrupt:
27      pass
```

01: import telepot

02: import requests

03: from bs4 import BeautifulSoup

04: impo19~26: 무한 루프를 시작합니다. 이 루프에서는 주기적으로 주식 가격 정보를 스크랩하고 텔레그램으로 메시지를 전송합니다.

21: 'get_price' 함수를 사용하여 삼성전자 주식의 현재 가격을 가져옵니다.

23: 가져온 가격 정보와 메시지를 생성하여 텔레그램으로 전송합니다.

24: 10분(60000*10 밀리초) 동안 대기합니다.

[실행 결과]

[▶] 눌러 코드를 실행합니다.

텔레그램으로 삼성전자의 주식시세를 받아와 메시지를 보냈습니다

작품 28 | 텔레그램으로 일기예보를 알려주는 알리미 만들기

학습 목표

아침마다 오늘의 일기예보를 카톡으로 알려주는 알리미를 만들어 봅니다.

[회로 구성]

회로는 라즈베리 파이만을 사용합니다.

[라이브러리 설치]

Thonnt IDE에서 가상 환경의 파이썬으로 선택되었는지 확인한 후 [Open system shell]을 클릭하여 터미널을 열어줍니다.

다음의 명령어를 터미널에 입력하여 python-telegram-bot 라이브러리를 설치합니다. python-telegram-bot 텔레그램을 사용하기 위한 라이브러리 입니다.

```
pip3 install telepot
```

파이썬에서 크롤링을 사용하기 위해서는 BeautifulSoup라는 라이브러리가 필요합니다.

다음의 명령어를 터미널에 입력하여 BeautifulSoup를 설치합니다.

```
sudo apt-get install python3-bs4 -y
```

[24. 기상청 날씨 표시기 만들기]에서 사용했던 방법으로 기상청 날씨를 받아옵니다.

자신의 지역의 접속방법은 [24. 기상청 날씨 표시기 만들기]을 참조합니다.

다음의 주소를 입력하여 기상청 RSS 사이트에 접속하여 자신의 지역의 날씨 정보를 받아옵니다.

https://www.weather.go.kr/weather/lifenindustry/sevice_rss.jsp

자신의 지역의 날씨 정보를 받아옵니다. 다음의 주소를 라즈베리 파이에서 사용하기 위해 복사해둔다.

다음의 주소로 접속하면

〈hour〉시간〈/hour〉

〈temp〉온도〈/temp〉

〈wfKor〉날씨〈/wfKor〉

〈reh〉습도〈/reh〉로 받을 수 있습니다.

```
▼<data seq="0">
    <hour>15</hour>
    <day>0</day>
    <temp>31.0</temp>
    <tmx>32.0</tmx>
    <tmn>-999.0</tmn>
    <sky>3</sky>
    <pty>0</pty>
    <wfKor>구름 많음</wfKor>
    <wfEn>Mostly Cloudy</wfEn>
    <pop>20</pop>
    <r12>0.0</r12>
    <s12>0.0</s12>
    <ws>3.1</ws>
    <wd>5</wd>
    <wdKor>남서</wdKor>
    <wdEn>SW</wdEn>
    <reh>60</reh>
    <r06>0.0</r06>
    <s06>0.0</s06>
</data>
```

[라즈베리파이 코드 작성]

파이썬에서 접속하여 시간, 온도, 날씨, 습도를 받아오는 프로그램을 만들어 봅니다.

myProjects/project_28/main28.py

```
01 import requests
02 import re
03
04 url = "http://www.kma.go.kr/wid/queryDFSRSS.jsp?zone=4139054000"
05 response = requests.get(url)
06
07 time = re.findall(r'<hour>(.+?)</hour>',response.text)
08 temp = re.findall(r'<temp>(.+)</temp>',response.text)
09 humi = re.findall(r'<reh>(.+?)</reh>',response.text)
10 wfKor = re.findall(r'<wfKor>(.+?)</wfKor>',response.text)
11
12 print(time)
13 print(temp)
14 print(humi)
15 print(wfKor)
```

07~10: 시간, 온도, 습도, 날씨의 정보를 찾습니다.

[실행 결과]

[▶] 눌러 코드를 실행합니다.

3시간 간격으로 날씨 예보를 합니다. 3,6,9,12,15,18,21,24 시에 예보를 합니다.

```
>>> %Run main28.py
['15', '18', '21', '24', '3', '6', '9', '12', '15', '18', '21', '24', '3', '6', '9', '12', '15', '18', '21', '24']
['31.0', '29.0', '26.0', '25.0', '24.0', '24.0', '27.0', '29.0', '30.0', '30.0', '26.0', '25.0', '24.0', '24.0', '27.
0', '30.0', '31.0', '29.0', '26.0', '25.0']
['60', '70', '80', '90', '95', '80', '70', '65', '70', '80', '90', '90', '90', '75', '60', '55', '65', '80', '8
0']
['구름 많음', '구름 많음', '맑음', '구름 많음', '흐림', '소나기', '흐림', '구름 많음', '소나기', '흐림', '구름 많음', '구름 많음', '
흐림', '구름 많음', '맑음', '맑음', '구름 많음', '구름 많음', '구름 많음', '구름 많음']
```

3시간 간격으로 날씨예보를 하기 때문에 하루의 날씨 정보를 얻기 위해서는 8번의 예보를 읽으면 하루의 날씨를 알 수 있습니다.

하루의 날씨만을 출력하는 코드를 만들어 봅니다.

myProjects/project_28/main28-1.py

```python
01 import requests
02 import re
03
04 url = " http://www.kma.go.kr/wid/queryDFSRSS.jsp?zone=4139054000 "
05 response = requests.get(url)
06
07 time = re.findall(r'<hour>(.+?)</hour>',response.text)
08 temp = re.findall(r'<temp>(.+)</temp>',response.text)
09 humi = re.findall(r'<reh>(.+?)</reh>',response.text)
10 wfKor = re.findall(r'<wfKor>(.+?)</wfKor>',response.text)
11 text = " "
12 for i in range(8):
13     text = text + "(" + str(time[i]) + "시 "
14     text = text + str(temp[i]) + "C "
15     text = text + str(humi[i]) + "% "
16     text = text + str(wfKor[i]) + ")"
17
18 print(text)
```

12: 8번 반복합니다.

[실행 결과]

[▶] 눌러 코드를 실행합니다. 총 8개의 하루 예보를 받아왔습니다. 데이터와 데이터 사이에 () 괄호를 넣어 보기 편하게 하였습니다.

```
>>> %Run main28-1.py
(18시 29.0C 70% 구름 많음)(21시 26.0C 80% 맑음)(24시 25.0C 90% 구름 많음)(3시 24.0C 90% 흐림)(6시 24.0C 95% 소나기)(9시 27.0C
80% 흐림)(12시 29.0C 70% 구름 많음)(15시 30.0C 65% 소나기)
```

[라즈베리파이 코드 작성]

이제 텔레그램으로 지정한 시간에 온도 예보 데이터를 보내봅니다.

```
myProjects/project_28/main28-2.py
01    import requests
02    import re
03    import time
04    import datetime
05    import telepot
06
07    telegram_id = ' 730238165 '
08    my_token = ' 5400967414:AAEmAvwaQF6du8gny7A9upRniGvtHOi-Ro0 '
09
10    bot = telepot.Bot(my_token)
11
12    def getWeather():
13        url = " http://www.kma.go.kr/wid/queryDFSRSS.jsp?zone=4139054000 "
14        response = requests.get(url)
15
16        time = re.findall(r ' <hour>(.+?)</hour> ' ,response.text)
17        temp = re.findall(r ' <temp>(.+)</temp> ' ,response.text)
18        humi = re.findall(r ' <reh>(.+?)</reh> ' ,response.text)
19        wfKor = re.findall(r ' <wfKor>(.+?)</wfKor> ' ,response.text)
20        text = " "
21        for i in range(8):
22            text = text + " ( " +str(time[i]) + " 시  "
23            text = text +str(temp[i]) + " C  "
24            text = text +str(humi[i]) + " %  "
25            text = text +str(wfKor[i]) + " ) "
26
27        return text
28
29    try:
30        while True:
31            now = datetime.datetime.now()
32            hms = now.strftime( ' %H:%M:%S ' )
33            print(hms)
34            if hms == " 20:15:50 " :
35                msg = getWeather()
36                print(msg)
37                bot.sendMessage(chat_id = telegram_id, text = msg)
38
39            time.sleep(1.0)
40
41    except KeyboardInterrupt:
42        pass
```

29~40 : 무한 루프를 시작합니다. 이 루프에서는 현재 시간을 확인하고 특정 시간 (20:15:50)에 'getWeather' 함수를 호출하여 날씨 정보를 가져옵니다.

31 : 현재 날짜와 시간을 가져옵니다.

32 : 시간을 HH:MM:SS 형식의 문자열로 변환합니다.

34 : 만약 현재 시간이 20:15:50이라면, 날씨 정보를 가져오고 메시지를 출력합니다.

37 : Telegram으로 날씨 정보 메시지를 전송합니다.

39 1초 동안 대기합니다.

[실행 결과]

[▶] 눌러 코드를 실행합니다.

지정한 시간에 텔레그램에서 기상 메시지를 잘 수신받았습니다.

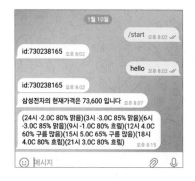

MQTT 브로커 만들어 PC와 통신하기

학습 목표
라즈베리 파이에 MQTT브로커를 설치하고 통신프로그램을 만들어 PC와 통신을 합니다.

[mosquitto 브로커 설치하기]

터미널을 열어 mosquitto 브로커를 설치합니다.

```
sudo apt update
sudo apt install -y mosquitto mosquitto-clients
```

nano 편집기를 이용하여 mosquitto를 설정합니다.

```
sudo nano /etc/mosquitto/mosquitto.conf
```

아래의 내용을 맨 마지막에 추가하여 넣습니다.

```
listener 1883
allow_anonymous true
```

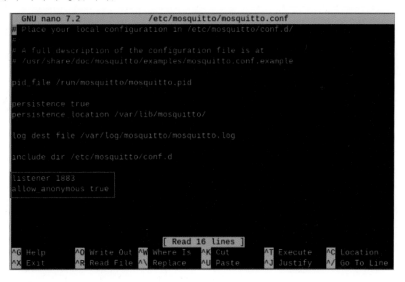

[컨트롤 + x]를 눌러 종료한 후 y를 눌러 저장한 후 종료합니다.

아래의 명령어를 입력하여 mosquitto를 재시작합니다.

```
sudo systemctl restart mosquitto
```

다음의 명령어를 입력하여 mosquitto 브로커를 실행합니다.

```
mosquitto -v
```

```
pi@raspberrypi:~ $ mosquitto -v
1704868416: mosquitto version 2.0.11 starting
1704868416: Using default config.
1704868416: Starting in local only mode. Connections will only be
clients running on this machine.
1704868416: Create a configuration file which defines a listener
 access.
1704868416: For more details see https://mosquitto.org/documentat
ion-methods/
1704868416: Opening ipv4 listen socket on port 1883.
1704868416: Opening ipv6 listen socket on port 1883.
1704868416: Error: Address already in use
1704868416: mosquitto version 2.0.11 running
```

우리는 mosquitto 라는 브로커를 설치하고 실행하였습니다.

이제 파이썬 코드를 이용하여 메시지를 보내고 받을 수 있는 파이썬 라이브러리를 설치합니다.

Thonnt IDE에서 가상 환경의 파이썬으로 선택되었는지 확인한 후 [Open system shell]을 클릭하여 터미널을 열어줍니다.

터미널에 아래 명령어를 입력하여 파이썬용 mqtt라이브러리를 설치합니다.

```
pip3 install paho-mqtt
```

[라즈베리파이 코드 작성]

다음의 코드를 작성하여 주기적으로 메시지를 전송해봅니다.

myProjects/project_29/main29.py

```
01 import time
02 import paho.mqtt.client as mqtt
03
04 broker_address=" 192.168.137.230 "
05 client = mqtt.Client(" ClientPub ")
06 client.connect(broker_address)
07
08 count = 0
09 try:
10     while True:
11         count = count + 1
12         client.publish(" hello ", str(count))
13         print(count)
14         time.sleep(1.0)
15
16 except KeyboardInterrupt:
17     pass
```

02: paho mqtt 모듈을 불러옵니다.

04: mqtt 브로커가 설치된 ip주소를 입력합니다. mqtt 브로커는 현재 라즈베리 파이 자신에게 설치되어있기 때문에 자신의 주소를 입력합니다.

12: hello 토픽으로 1초마다 1씩 증가하는 값을 전송합니다.

윈도우의 모바일 핫스팟 에서 라즈베리 파이의 접속된 주소를 확인할 수 있습니다.

연결된 장치:	1/8	
디바이스 이름	IP 주소	물리적 주소(MAC)
raspberrypi	192.168.137.230	e4:5f:01:06:e8:f5

[실행 결과]

[▶] 눌러 코드를 실행합니다.
Run

라즈베리 파이에서 파이썬 프로그램은 라즈베리 파이에 설치된 mosquitto 브로커를 통해 hello라는 토픽으로 1초마다 데이터를 발행하고 있습니다. 데이터를 확인하기 위해 PC에 프로그램을 설치하여 진행합니다.

mqtt fx라는 프로그램으로 무료버전인 [mqtt fx 1.7.1]을 다운로드 받아 설치합니다.

구글에서 "mqtt fx 1.7.1 download"를 검색 후 아래 사이트에 접속합니다. 정식 사이트에 접속하면 5.0버전이 최신 버전으로 유료로 사용해야 합니다. 우리가 사용하는 기능은 무료여도 충분히 사용가능 합니다. 무료인 1.7.1 버전을 다운로드 받습니다.

윈도우 64bit 버전을 다운로드 받아 설치합니다. 자신의 컴퓨터의 비트에 맞는 프로그램을 받아 설치합니다.

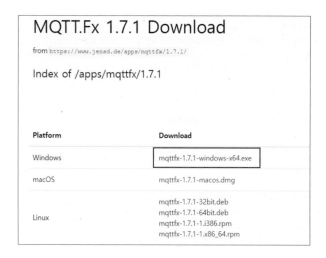

설치 후 [톱니바퀴] 모양을 눌러 설정 화면으로 이동합니다.

Broker Address를 라즈베리 파이의 IP주소로 입력한 다음 [OK] 버튼을 눌러 저장합니다. 라즈베리 파이에 mosquitto 브로커가 설치되어 있습니다.

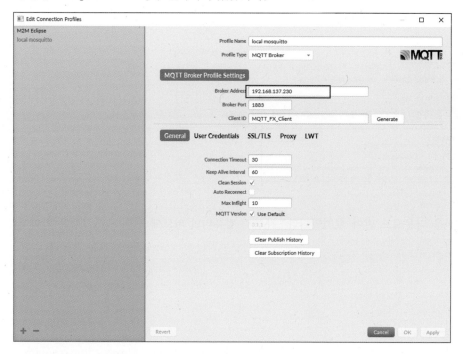

윈도우의 모바일 핫스팟에서 라즈베리 파이의 접속된 주소를 확인할 수 있습니다.

[Connect] 버튼을 눌러 브로커에 접속합니다. 브로커는 라즈베리 파이에 설치되어 있습니다. mosquitto가 MQTT 브로커입니다.

[Subscribe] = 구독 탭으로 이동 후 hello 토픽을 구독합니다.

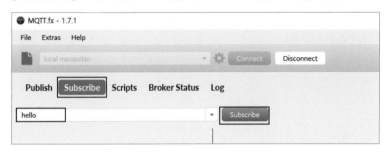

라즈베리 파이에서 보내는 hello 토픽을 구독하였기 때문에 값의 확인이 가능합니다.

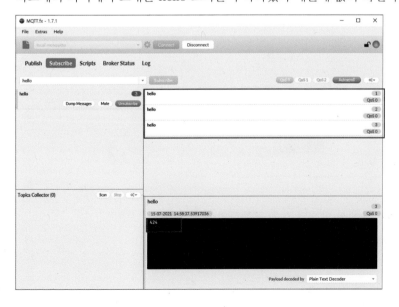

[라즈베리파이 코드 작성]

이제 PC에서 데이터를 발행하고 라즈베리 파이에서 구독하는 프로그램을 만들어 봅니다.

myProjects/project_29/main29-1.py

```python
01 import paho.mqtt.client as mqtt
02 import time
03
04 def on_message(client, userdata, msg):
05     print(msg.topic+"    "+str(msg.payload))
06
07 client = mqtt.Client()
08 client.on_message = on_message
09
10 broker_address="192.168.137.230"
11 client.connect(broker_address)
12 client.subscribe("pc",1)
13
14 client.loop_forever()
```

04~05 : 메시지를 받으면 동작하는 콜백함수입니다.

08   : 메시지를 받으면 동작하는 콜백함수를 등록합니다.

12   : pc의 토픽을 구독합니다.

14   : 클라이언트를 동작시킨다.

[실행 결과]

[▶] 눌러 코드를 실행합니다.

PC프로그램인 MQTT fx에서 pc의 토픽으로 i am pc의 데이터를 발행합니다. [Publish] 버튼을 누르면 발행됩니다.

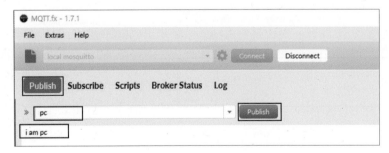

라즈베리 파이의 Shell 영역에서 pc에서 발행된 값을 구독하였습니다.

```
Python 3.7.3 (/usr/bin/python3)
>>> %Run main29-1.py
  pc b'i am pc'
```

작품 30 | MQTT 통신으로 제어하는 장치 만들기

학습 목표

MQTT 통신을 이용하여 라즈베리 파이의 LED를 제어해봅니다.

[준비물]

다음과 같은 부품을 준비합니다.

부품명	수량
브레드보드	1개
LED 녹색	1개
LED 파랑	1개
LED 빨강	1개
220옴저항(빨빨검검갈)	3개
암/수 점퍼케이블	4개

[회로 구성]

브레드보드에 다음의 회로를 꾸며 연결합니다.

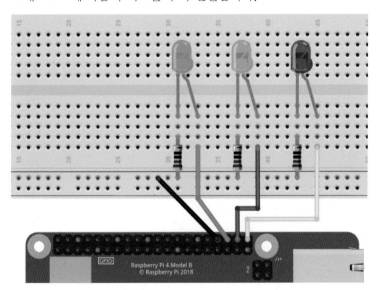

초록색 LED의 긴 다리는 라즈베리 파이의 GPIO16, 파란색 LED의 긴 다리는 라즈베리 파이의 GPIO 20, 빨간색 LED의 긴 다리는 라즈베리 파이의 GPIO 21번 핀에 연결합니다.

MQTT 통신을 하기 위해서 라즈베리 파이에 mosqutto 브로커를 설치하고 파이썬 라이브러리를 설치하여야 합니다. 설치가 안되었습니다면 [29. MQTT 브로커 만들어 PC와 통신하기]장을 참조하여 mosqutto와 paho-mqtt를 설치합니다.

led 토픽을 구독하고 다음의 명령으로 LED를 켜고 끄는 코드를 만들어 봅니다.

green_on	녹색 LED 켬
green_off	녹색 LED 끔
blue_on	파란색 LED 켬
blue_off	파란색 LED 끔
red_on	빨간색 LED 켬
red_off	빨간색 LED 끔

[라즈베리파이 코드 작성]

다음의 코드를 작성합니다.

```
myProjects/project_30/main30.py
01   import paho.mqtt.client as mqtt
02   import time
03   from gpiozero import LED
04
05   greenLed = LED(16)
06   blueLed = LED(20)
07   redLed = LED(21)
08
09   def on_message(client, userdata, msg):
10       print(msg.topic+"    "+str(msg.payload))
11       message = msg.payload.decode()
12       print(message)
13       if message == "green_on":
14           greenLed.on()
15       elif message == "green_off":
16           greenLed.off()
17       elif message == "blue_on":
18           blueLed.on()
19       elif message == "blue_off":
20           blueLed.off()
21       elif message == "red_on":
22           redLed.on()
23       elif message == "red_off":
24           redLed.off()
25
```

```
26      client = mqtt.Client()
27      client.on_message = on_message
28
29      broker_address= " 192.168.137.230 "
30      client.connect(broker_address)
31      client.subscribe( " led " ,1)
32
33      client.loop_forever()
```

11 : 받은 메시지를 decode하여 문자열 형태로 변경하였습니다.

13~24 : 받은 메시지에 따라서 LED를 제어합니다.

[실행 결과]

[▶] 눌러 코드를 실행합니다.

PC의 mqtt fx 프로그램에서 led로 토픽을 발행하고 아래의 명령어로 LED를 제어합니다.

green_on	녹색 LED 켬
green_off	녹색 LED 끔
blue_on	파란색 LED 켬
blue_off	파란색 LED 끔
red_on	빨간색 LED 켬
red_off	빨간색 LED 끔

[라즈베리파이 코드 작성]

이제 MQTT에서 데이터를 받아서 동작하는 기능을 하였습니다. 주기적으로 발행하는 코드를 넣고 싶습니다. 하지만 수신코드의 client.loop_forever() 로 인해 주기적으로 보내는 코드를 만들기 어렵습니다. 라즈베리 파이의 쓰레드 기능을 활용하여 쓰레드를 하나 생성하여 주기적으로 보내는 코드를 만들어 봅니다.

myProjects/project_30/main30-1.py

```
01      import paho.mqtt.client as mqtt
02      import time
03      from gpiozero import LED
04      import threading
05
06      greenLed = LED(16)
07      blueLed = LED(20)
08      redLed = LED(21)
09
10      def on_message(client, userdata, msg):
```

```
11          print(msg.topic+ "    " +str(msg.payload))
12          message = msg.payload.decode()
13          print(message)
14          if message == " green_on " :
15              greenLed.on()
16          elif message == " green_off " :
17              greenLed.off()
18          elif message == " blue_on " :
19              blueLed.on()
20          elif message == " blue_off " :
21              blueLed.off()
22          elif message == " red_on " :
23              redLed.on()
24          elif message == " red_off " :
25              redLed.off()
26
27      client = mqtt.Client()
28      client.on_message = on_message
29
30      broker_address= " 192.168.137.230 "
31      client.connect(broker_address)
32      client.subscribe( " led " ,1)
33
34      count =0
35      def send_thread():
36          global count
37          while 1:
38              count = count +1
39              client.publish( " hello " , str(count))
40              time.sleep(1.0)
41
42      task = threading.Thread(target = send_thread)
43      task.start()
44
45      client.loop_forever()
```

35~40 : 쓰레드를 사용할 함수를 생성하였습니다.

39   : 1초마다 hello 토픽으로 값을 전송합니다.

42   : send_thread 함수를 등록합니다.

43   : 쓰레드를 시작합니다.

[실행 결과]

[▶] 눌러 코드를 실행합니다.

[Publish] 발행 탭에서 데이터를 발행하여 LED를 동작시켜봅니다.

라즈베리 파이에서는 led 토픽을 구독하여 led가 잘 제어됩니다.

[Subscribe] 구독 탭에서 hello 토픽을 구독하여 숫자값이 잘 받아집니다.

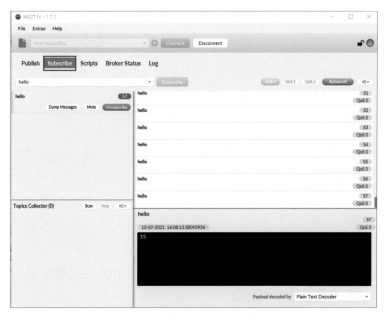

쓰레드라는 기능을 사용하여 하나의 동작이 아닌 여러 개를 동시에 동작시켜 MQTT 통신을 하였습니다.

CHAPTER

04

10개 인공지능 작품 만들기

음성 인식 관련 프로젝트와 OpenCV 및 Node-RED 사용 등 영상 관련 프로젝트 등 인공지능에 초첨을 맞춤 10개 작품을 만들어본다.

작품 31 ‖ 인공지능 음성을 인식하여 LED 스마트 조명 만들기

학습 목표

음성으로 LED를 제어해봅니다. 음성을 텍스트로 변환 후 조건식을 만들어 빨간색, 파란색, 녹색 LED를 제어합니다.

[준비물]

다음과 같은 부품을 준비한다.

부품명	수량
브레드보드	1개
LED 녹색	1개
LED 파랑	1개
LED 빨강	1개
220옴저항(빨빨검검갈)	3개
암/수 점퍼케이블	4개

[회로 구성]

브레드보드에 다음의 회로를 꾸며 연결합니다.

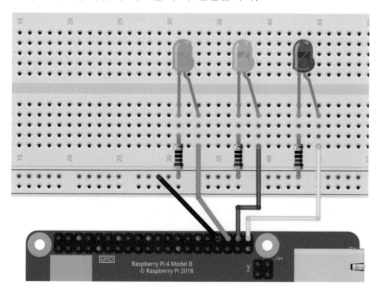

초록색 LED의 긴 다리는 라즈베리 파이의 GPIO16, 파란색 LED의 긴 다리는 라즈베리 파이의 GPIO 20, 빨간색 LED의 긴 다리는 라즈베리 파이의 GPIO 21번 핀에 연결합니다.

[라이브러리 설치와 사용]

USB 마이크를 라즈베리 파이에 연결합니다.

Thonnt IDE에서 가상 환경의 파이썬으로 선택되었는지 확인한 후 [Open system shell]을 클릭하여 터미널을 열어줍니다.

다음의 명령어를 터미널에서 입력하여 파이썬3용 pyaudio 라이브러리를 설치합니다. 마이크를 사용하긴 위한 라이브러리입니다. [16. 녹음기 만들기] 에서 설치했던 라이브러리로 설치를 하였습니다면 추가로 설지하지 않아도 됩니다.

```
sudo apt install python3-pyaudio -y
```

speechrecognition 라이브러리를 설치합니다. 매우 간단하게 구글 음성인식 기능을 가입없이 사용할 수 있는 라이브러리입니다. (단 구글 API key는 default API key가 적용되어 예고없이 API가 중단될 수 있습니다.)

```
pip3 install speechrecognition==3.8.0
```

speechrecognition 라이브러리를 사용하기 위한 flac 라이브러리를 설치합니다.

```
sudo apt-get install flac
```

speechrecognition 라이브러리는 아래의 API의 사용이 가능합니다. 우리는 Google Cloud Speech 를 사용합니다. speechrecognition 라이브러리에는 default API key 를 사용합니다. 기본 API key 를 사용하기 때문에 API키가 예고 없이 끊길 수 있습니다.

'r.recognize_google(audio, key="GOOGLE_SPEECH_RECOGNITION_API_KEY")' 코드로 자신의 API키를 넣어 사용할 수 있습니다.

Google Cloud Speech API 키 발급은 https://cloud.google.com 을 참조합니다.

```
recognize_bing(): Microsoft Bing Speech
recognize_google(): Google Web Speech API
recognize_google_cloud(): Google Cloud Speech - requires installation of the google-cloud-
speech package
recognize_houndify(): Houndify by SoundHound
recognize_ibm(): IBM Speech to Text
recognize_sphinx(): CMU Sphinx - requires installing PocketSphinx
recognize_wit(): wit.ai
```

[라즈베리파이 코드 작성]

다음의 코드를 작성하여 음성을 텍스트로 변환하여봅니다.

파이썬의 # 은 주석코드로 #입력 후 이후부터는 코드로 동작하지 않습니다. #(주석)은 사용자에게 설명을 하거나 코드의 기능을 알기위한 용도로 사용합니다. #(주석)이 있는 줄은 타이핑 하지 않아도 됩니다.

/home/pi/myProjects/project_31/main31.py

```
01    import speech_recognition as sr
02
03    try:
04        while True :
05            # Record Audio
06            r = sr.Recognizer()
07
08            with sr.Microphone() as source:
09                print("Say something!")
10                audio = r.listen(source)
11            # Speech recognition using Google Speech Recognition
12            try:
13                # for testing purposes, we're just using the default API key
14                # to use another API key, use 'r.recognize_google(audio, key="GOOGLE_SPEECH_
RECOGNITION_API_KEY")'
15                # instead of 'r.recognize_google(audio)'
16                print("You said: " + r.recognize_google(audio, language='ko-KR'))
17            except sr.UnknownValueError:
18                print("Google Speech Recognition could not understand audio")
19            except sr.RequestError as e:
20                print("Could not request results from Google Speech Recognition service; {0}".
format(e))
21
22    except KeyboardInterrupt:
23        pass
```

01: speech_recognition를 sr이름으로 불러옵니다.

08: 마이크에서 값을 입력받습니다.

16: 구글클라우드 스피치를 이용하여 오디오 파일을 한글로 출력합니다.

[실행 결과]

[▶] 눌러 코드를 실행합니다. Say someting! 이 출력되면 마이크에 말을 합니다.

"안녕하세요"를 말해 음성이 한글로 출력되었습니다.

```
Shell ✕
ALSA lib pcm_dmix.c:999:(snd_pcm_d
Cannot connect to server socket er
Cannot connect to server request c
jack server is not running or canno
JackShmReadWritePtr::~JackShmReadW
JackShmReadWritePtr::~JackShmReadW
Say something!
You said: 안녕하세요
ALSA lib pcm_asym.c:105:(_snd_pcm_
ALSA lib confmisc.c:1269:(snd_func
```

[라즈베리파이 코드 작성]

이제 빨간색, 파란색, 녹색, 꺼 라는 음성을 인식하여 LED를 제어해보도록합니다.

/home/pi/myProjects/project_31/main31-1.py

```python
01    import speech_recognition as sr
02    from gpiozero import LED
03
04    greenLed = LED(16)
05    blueLed = LED(20)
06    redLed = LED(21)
07
08    try:
09        while True :
10            # Record Audio
11            r = sr.Recognizer()
12
13            with sr.Microphone() as source:
14                print("Say something!")
15                audio = r.listen(source)
16            # Speech recognition using Google Speech Recognition
17            try:
18                text = r.recognize_google(audio, language='ko-KR')
19                print("You said: " + text)
20                if text in "빨간색":
21                    greenLed.value =0
22                    blueLed.value =0
23                    redLed.value =1
24                elif text in "파란색":
25                    greenLed.value =0
26                    blueLed.value =1
27                    redLed.value =0
28                elif text in "녹색":
29                    greenLed.value =1
30                    blueLed.value =0
31                    redLed.value =0
32                elif text in "꺼":
33                    greenLed.value =0
34                    blueLed.value =0
35                    redLed.value =0
36
37            except sr.UnknownValueError:
38                print("Google Speech Recognition could not understand audio")
39            except sr.RequestError as e:
40                print("Could not request results from Google Speech Recognition service; {0}".
format(e))
41
42    except KeyboardInterrupt:
43        pass
44
45    GPIO.cleanup()
```

18 : 음성을 텍스트로 변환하여 text 변수에 바인딩합니다.

20~23 : text에 빨간색이 포함되어 있습니다면 빨간색 LED만 켭니다.

24~27 : text에 파란색이 포함되어 있습니다면 파란색 LED만 켭니다.

28~31 : text에 녹색이 포함되어 있습니다면 녹색 LED만 켭니다.

32~35 : test에 꺼 가 포함되어 있습니다면 모든 LED를 끕니다.

[실행 결과]

[ ] 눌러 코드를 실행합니다.

빨간색, 파란색, 녹색, 꺼 를 음성으로 말해 LED가 동작하는지 확인합니다.

```
Say something!
You said: 빨간색
Say something!
You said: 파란색
Say something!
```


[결과 동영상]

다음은 작품의 동작 결과 동영상의 유튜브 주소입니다.

https://youtu.be/-mrX4he1nLo

작품 32 ‖ 인공지능 음성을 인식하여 날씨 정보 알려주는 장치 만들기

학습 목표

음성으로 "날씨"라는 키워드를 입력받으면 자신의 지역의 날씨를 음성으로 출력하는 장치를 만들어 봅니다.

이 작품은 "날씨" 라는 음성을 인식하기 위해서는 [31. 인공지능 음성을 인식하여 LED 스마트조명 만들기] 단원에서 사용한 STT(음성을 문자로)를 이용하고 [24. 기상청 날씨 표시기 만들기] 장에서 사용했던 날씨 정보를 받아와 [17. 말하는 신호등 만들기]에서 사용한 TTS(문자를 목소리로)를 이용하여 날씨 정보를 음성으로 출력합니다.

[마이크 사용을 위한 라이브러리 설치하기]

[16. 녹음기 만들기] 단원을 참고하여 라즈베리 파이의 마이크와 스피커를 연결한 다음 스피커의 설정을 합니다.

Thonnt IDE에서 가상 환경의 파이썬으로 선택되었는지 확인한 후 [Open system shell]을 클릭하여 터미널을 열어줍니다.

다음의 명령어를 터미널에서 입력하여 파이썬3용 pyaudio 라이브러리를 설치합니다. 마이크를 사용하긴 위한 라이브러리입니다. [16. 녹음기 만들기]에서 설치하였습니다면 설치하지 않고 넘어가도 됩니다.

```
sudo apt install python3-pyaudio -y
```

터미널에서 다음 명령어를 입력하여 TTS 라이브러리를 설치합니다. TTS는 텍스트를 음성으로 변환해주는 라이브러리입니다. Text To Speech의 약자입니다. [17. 말하는 신호등 만들기] 에서 설치하였습니다면 설치하지 않고 넘어가도 됩니다.

```
sudo apt-get install espeak -y
```

speechrecognition 라이브러리를 설치합니다. 매우 간단하게 구글 음성인식 기능을 가입없이 사용할 수 있는 라이브러리입니다. (단 구글 API key는 default API key가 적용되어 예고없이 API가 중단될 수 있습니다.) [31.인공지능 음성을 인식하여 LED 스마트조명 만들기] 에서 설치하였습니다면 설치하지 않고 넘어가도 됩니다.

```
pip3 install speechrecognition
```

speechrecognition 라이브러리를 사용하기 위한 flac 라이브러리를 설치합니다. [31.인공지능 음성을 인식하여 LED 스마트조명 만들기] 에서 설치하였습니다면 설치하지 않고 넘어가도 됩니다.

```
sudo apt-get install flac
```

[라즈베리파이 코드 작성]

다음의 코드를 작성하여 "날씨" 음성을 인식하는 코드를 만들어 봅니다. 한글이 입력되지 않습니다면 [17. 말하는 신호등 만들기]장을 참조하여 한글폰트 및 한글입력기를 설치합니다.

/home/pi/myProjects/project_32/main32.py

```python
01 import speech_recognition as sr
02
03 try:
04     while True :
05         r = sr.Recognizer()
06
07         with sr.Microphone() as source:
08             print("Say something!")
09             audio = r.listen(source)
10
11         try:
12             text = r.recognize_google(audio, language='ko-KR')
13             print("You said: " + text)
14             if text in "날씨":
15                 print("날씨 음성을 인식하였습니다.")
16
17         except sr.UnknownValueError:
18             print("Google Speech Recognition could not understand audio")
19         except sr.RequestError as e:
20             print("Could not request results from Google Speech Recognition service; {0}".format(e))
21
22 except KeyboardInterrupt:
23     pass
```

14: "날씨" 라는 음성을 받았으면 참이됩니다.

[실행 결과]

[▶] 눌러 코드를 실행합니다. "날씨"를 음성으로 입력하여 날씨 음성을 인식하였습니다. 의 출력을 확인합니다.

```
Shell ✕
Cannot connect to server socket err
Cannot connect to server request chan
jack server is not running or cannot
JackShmReadWritePtr::~JackShmReadWrit
JackShmReadWritePtr::~JackShmReadWrit
Say something!
You said: 날씨
날씨 음성을 인식하였습니다.
ALSA lib pcm_asym.c:105:(_snd_pcm_asy
ALSA lib confmisc.c:1369:(snd_func_re
```

[라즈베리파이 코드 작성]

이제 자신의 지역의 날씨 정보를 음성으로 출력하는 코드를 만들어 봅니다. 자신의 지역의 날씨 정보를 확인하는 방법은 [24. 기상청 날씨 표시기 만들기] 장을 참조하였고 음성으로 출력하는 방법은 [17. 말하는 신호등 만들기] 단원을 참조하였습니다.

```
/home/pi/myProjects/project_32/main32-1.py
```

```python
01 import requests
02 import re
03 import os
04 import time
05
06 url = "http://www.kma.go.kr/wid/queryDFSRSS.jsp?zone=4139054000"
07
08 def speak(option, msg) :
09     os.system("espeak {} '{}' ".format(option,msg))
10
11 try:
12     while 1:
13         response = requests.get(url)
14         temp = re.findall(r'<temp>(.+)</temp>',response.text)
15         humi = re.findall(r'<reh>(.+)</reh>',response.text)
16
17         msg = ' 기온은 ' + temp[0].split('.')[0] + '도 습도는 ' + humi[0] + '퍼센트 입니다'
18
19         option = '-s 180 -p 50 -a 200 -v ko+f5'
20         speak(option,msg)
21         time.sleep(10.0)
22
23 except KeyboardInterrupt:
24     pass
```

17: "기온은 00도 습도는00 퍼센트 입니다."를 음성으로 출력하도록 문자열로 합쳤습니다. .split('.')[0]은 .(점)을 기준으로 나누었습니다. 예를들어 31.0이면 31과 0으로 나누었습니다. 나눈이유는 31.0을 음성으로 출력하면 부자연스럽기 때문에 소수점을 삭제한 음성만 출력하기 위함입니다.

[실행 결과]

[▶] 눌러 코드를 실행합니다.

"기온은 31도 습도는 60퍼센트 입니다."의 음성출력이 되었습니다. 7월말의 날씨로 온도와 습도가 매우 높습니다. 자신의 지역의 오늘 현재 기온과 습도를 음성으로 출력하는 것이므로 그때그때 마다 틀리게 출력됩니다.

[라즈베리파이 코드 작성]

이제 코드를 합쳐 "날씨" 키워드를 입력받으면 현재 날씨를 음성으로 출력하는 장치를 완성시켜보도록 합니다.

```
/home/pi/myProjects/project_32/main32-2py

01 import speech_recognition as sr
02 import requests
03 import re
04 import os
05 import time
06
07 url = "http://www.kma.go.kr/wid/queryDFSRSS.jsp?zone=4139054000"
08
09 def speak(option, msg) :
10      os.system("espeak {} '{}'".format(option,msg))
11
12 try:
13          while True :
14              r = sr.Recognizer()
15
16              with sr.Microphone() as source:
17                  print("Say something!")
18                  audio = r.listen(source)
19
20              try:
21                  text = r.recognize_google(audio, language='ko-KR')
22                  print("You said: " + text)
23                  if text in "날씨":
24                      print("날씨 음성을 인식하였습니다.")
25                      response = requests.get(url)
26                      temp = re.findall(r'<temp>(.+)</temp>',response.text)
27                      humi = re.findall(r'<reh>(.+)</reh>',response.text)
28
29                      msg = '기온은 ' + temp[0].split('.')[0] + '도 습도는 ' + humi[0] + '퍼센트 입니다'
30
31                      option = '-s 180 -p 50 -a 200 -v ko+f5'
32                      speak(option,msg)
33
34              except sr.UnknownValueError:
35                  print("Google Speech Recognition could not understand audio")
36              except sr.RequestError as e:
37                  print("Could not request results from Google Speech Recognition service; {0}".format(e))
38
39 except KeyboardInterrupt:
40      pass
41
```

23~32: "날씨"를 입력받으면 현재 날씨 정보를 음성으로 출력합니다.

[실행 결과]

[] 눌러 코드를 실행합니다.

"날씨"를 음성으로 말해 현재 날씨를 음성으로 출력하였습니다.

```
Say something!
You said: 날씨
날씨 음성을 인식하였습니다.
Say something!
```

[결과 동영상]

다음은 작품의 동작 결과 동영상의 유튜브 주소입니다.

https://youtu.be/fSXOvaOk6iQ

작품 33 ‖ OpenCV 얼굴인식 장치 만들기

학습 목표
OpenCV를 이용하여 얼굴을 인식하는 장치를 만들어 봅니다.

[openCV를 설치하기]

OpenCV는 오픈소스로 영상인식을 위해 많이 사용하고 있습니다.

Thonnt IDE에서 가상 환경의 파이썬으로 선택되었는지 확인한 후 [Open system shell]을 클릭하여 터미널을 열어줍니다.

터미널을 열어 아래의 명령어를 입력하여 openCV를 설치하여 봅니다.

1~10분내외로 설치가 완료됩니다.

```
pip3 install opencv-python
```

[라즈베리파이 코드 작성]

OpenCV코드를 이용하여 카메라의 영상을 받아보는 코드를 만들어 봅니다.

myProjects/project_33/main33.py

```python
01   import cv2
02
03   def main():
04       camera = cv2.VideoCapture(-1)
05       camera.set(3,640)
06       camera.set(4,480)
07
08       while( camera.isOpened() ):
09           _, image = camera.read()
10           cv2.imshow('camera test',image)
11
12           if cv2.waitKey(1) == ord('q'):
13               break
14
15       cv2.destroyAllWindows()
16
17   if __name__ == '__main__':
18       main()
```

01 : opencv모듈인 cv2를 불러옵니다.

03~15 : main함수를 만들었습니다.

17~18 : 프로그램을 직접 실행시 main()함수가 동작합니다.

04 : 카메라를 비디오로 불러와 camera 객체와 바인딩합니다.

05~06 : 영상의 크기를 결정합니다.

08 : 카메라가 열렸으면 계속 실행합니다.

09 : 카메라를 읽습니다.

10 : camera test의 이름으로 이미지를 출력합니다.

12 : 키보드의 q키를 누르면 종료합니다.

[실행 결과]

[▶] 눌러 코드를 실행합니다.

OpenCV 프로그램을 이용하여 카메라 영상을 출력하였습니다. 키보드의 [Q] 키를 누르면 종료합니다.

[라즈베리파이 코드 작성]

얼굴인식 알고리즘을 이용하여 얼굴을 감지하도록 합니다.

다음의 코드를 작성합니다.

myProjects/project_33/main33-1.py

```
01    import cv2
02
03    def main():
04        camera = cv2.VideoCapture(-1)
05        camera.set(3,640)
06        camera.set(4,480)
07
08        xml = cv2.data.haarcascades + 'haarcascade_frontalface_default.xml'
09        face_cascade = cv2.CascadeClassifier(xml)
10
11        while( camera.isOpened() ):
12            _, image = camera.read()
```

```
13              gray = cv2.cvtColor(image, cv2.COLOR_BGR2GRAY)
14
15              faces = face_cascade.detectMultiScale(gray,1.05, 5)
16              print( " faces detected Number: " +str(len(faces)))
17
18              if len(faces):
19                  for (x,y,w,h) in faces:
20                      cv2.rectangle(image,(x,y),(x+w,y+h),(255,0,0),2)
21
22              cv2.imshow( ' result ' , image)
23
24              if cv2.waitKey(1) == ord( ' q ' ):
25                  break
26
27          cv2.destroyAllWindows()
28
29      if __name__ == ' __main__ ':
30          main()
```

08 : haarcascade_frontalface_default.xml 파일의 알고리즘을 사용합니다. /home/pi/opencv/data/haarcascades/ 폴더에 xml 파일이 존재합니다.

09 : 알고리즘을 불러와 객체를 생성하였습니다.

15 : 얼굴을 찾습니다.

16 : 찾은 얼굴의 수를 출력합니다.

18 : "얼굴을 찾았습니다"면 조건이 참이 됩니다.

19~20 : 찾은 얼굴에 네모를 그립니다.

22 : 영상을 출력합니다.

[실행 결과]

[▶] 눌러 코드를 실행합니다.

얼굴을 찾아 얼굴에 네모칸을 그려주었습니다. 필자의 딸입니다.

작품 34 | OpenCV 졸음방지 알리미 만들기

얼굴과 눈동자를 찾아 졸음방지 알리미를 만들어 봅니다. 얼굴을 찾았는데 눈동자를 찾지 못했다면 졸고 있다고 판단하여 알림을 울려줍니다.

[준비물]

다음과 같은 부품을 준비합니다.

부품명	수량
브레드보드	1개
능동부저(스티커 붙어있음)	1개
암/수 점퍼케이블	2개

[회로 구성]

브레드보드에 다음의 회로를 꾸며 연결합니다.

부저의 +핀은 라즈베리 파이의 GPIO16번 핀에 연결합니다. 부저의 −는 GND와 연결합니다.

OpenCV의 설치 및 기본 사용방법은 [32. OpenCV 얼굴인식 장치 만들기] 장을 참조합니다.

[라즈베리파이 코드 작성]
눈동자를 찾는 코드를 만들어 봅니다.

```
myProjects/project_34/main34.py
01    import cv2
02
03    def main():
04        camera = cv2.VideoCapture(-1)
05        camera.set(3,640)
06        camera.set(4,480)
07
08        face_xml = cv2.data.haarcascades + 'haarcascade_frontalface_default.xml'
09        eye_xml = cv2.data.haarcascades + 'haarcascade_eye.xml'
10        face_cascade = cv2.CascadeClassifier(face_xml)
11        eye_cascade = cv2.CascadeClassifier(eye_xml)
12
13        while( camera.isOpened() ):
14            _, image = camera.read()
15            gray = cv2.cvtColor(image, cv2.COLOR_BGR2GRAY)
16
17            faces = face_cascade.detectMultiScale(gray,scaleFactor=1.1,minNeighbors=5,min-
Size=(100,100),flags=cv2.CASCADE_SCALE_IMAGE)
18            print("faces detected Number: "+str(len(faces)))
19
20            if len(faces):
21                for (x,y,w,h) in faces:
22                    cv2.rectangle(image,(x,y),(x+w,y+h),(255,0,0),2)
23
24                    face_gray = gray[y:y+h, x:x+w]
25                    face_color = image[y:y+h, x:x+w]
26
27                    eyes = eye_cascade.detectMultiScale(face_gray,scaleFactor=1.1,minNeigh-
bors=5)
28
29                    for (ex,ey,ew,eh) in eyes:
30                        cv2.rectangle(face_color, (ex, ey), (ex+ew, ey+eh), (0,255,0), 2)
31
32            cv2.imshow('result', image)
33
34            if cv2.waitKey(1) == ord('q'):
35                break
36
37        cv2.destroyAllWindows()
38
39    if __name__ == '__main__':
40        main()
```

09   : 눈을 찾는 haarcascade_eye.xml 경로를 설정하였습니다.

24~25 : 찾은 얼굴부분의 좌표만 기록합니다.

27   : 얼굴부분에서 눈을 찾습니다. 얼굴을 찾았을 때야 눈을 찾습니다.

29~30 : 눈을 그립니다.

[▶] 눌러 코드를 실행합니다. 얼굴을 찾았을 때 눈을 찾았습니다. OpenCV의 알고리즘이 민감하여 눈이라고 찾은 부분은 모두 그렸습니다.

정확하게 눈을 두 개 찾았습니다.

눈을 감고 있을 때는 찾지 못해야 하나 OpenCV의 알고리즘이 민감하여 눈을 하나 찾았습니다라고 나옵니다.

[라즈베리파이 코드 작성]

이제 얼굴을 찾고 눈을 찾아 찾은 눈의 갯수가 0~1개일 때는 눈을 감았다고 판단하여 알람을 울려주는 코드를 만들어 봅니다.

myProjects/project_34/main34-1.py

```python
01  import cv2
02  from gpiozero import Buzzer
03  import time
04
05  buzzerPin = Buzzer(16)
06
07  def main():
08      camera = cv2.VideoCapture(-1)
09      camera.set(3,640)
10      camera.set(4,480)
11
12      face_xml = cv2.data.haarcascades + 'haarcascade_frontalface_default.xml'
13      eye_xml = cv2.data.haarcascades + 'haarcascade_eye.xml'
14      face_cascade = cv2.CascadeClassifier(face_xml)
15      eye_cascade = cv2.CascadeClassifier(eye_xml)
16
17      while( camera.isOpened() ):
18          _, image = camera.read()
19          gray = cv2.cvtColor(image, cv2.COLOR_BGR2GRAY)
20
21          faces = face_cascade.detectMultiScale(gray,scaleFactor=1.1,minNeighbors=5,minSize=(100,100),flags=cv2.CASCADE_SCALE_IMAGE)
22          print("faces detected Number: "+str(len(faces)))
23
24          if len(faces):
25              for (x,y,w,h) in faces:
26                  cv2.rectangle(image,(x,y),(x+w,y+h),(255,0,0),2)
27
28                  face_gray = gray[y:y+h, x:x+w]
29                  face_color = image[y:y+h, x:x+w]
30
31                  eyes = eye_cascade.detectMultiScale(face_gray,scaleFactor=1.1,minNeighbors=5)
32
33                  if len(eyes) <=1:
34                      buzzerPin.on()
35                  else:
36                      buzzerPin.off()
37
38                  for (ex,ey,ew,eh) in eyes:
39                      cv2.rectangle(face_color, (ex, ey), (ex+ew, ey+eh), (0,255,0), 2)
40
41          cv2.imshow('result', image)
42
43          if cv2.waitKey(1) == ord('q'):
44              break
45
46      cv2.destroyAllWindows()
47      buzzerPin.off()
48
49  if __name__ == '__main__':
50      main()
```

33~34: 찾은 눈의 개수가 1개 이하이면 눈을 감았다고 판단하여 알림을 울립니다.

35~36: 그렇지 않다면 즉 찾은 눈의 개수가 2개 이상이라면 알림을 울리지 않습니다.

[실행 결과]

[▶] 눌러 코드를 실행합니다. 눈을 2개 이상 찾았을 때는 알람이 울리지 않습니다.

얼굴을 찾았는데 눈을 찾지 못하면 알람이 울립니다.

[결과 동영상]

다음은 작품의 동작 결과 동영상의 유튜브 주소입니다.

https://youtu.be/6DfsNbF9PO4

https://youtu.be/kUT6BzGZfb4

| **OpenCV 색상검출기 만들기**

학습 목표

OpenCV를 이용하여 색상을 검출하고 검출된 색상을 LED로 표시하는 장치를 만들어 봅니다.

[준비물]

다음과 같은 부품을 준비합니다.

부품명	수량
브레드보드	1개
LED 녹색	1개
LED 파랑	1개
LED 빨강	1개
220옴저항(빨빨검검갈)	3개
암/수 점퍼케이블	4개

[회로 구성]

브레드보드에 다음의 회로를 꾸며 연결합니다.

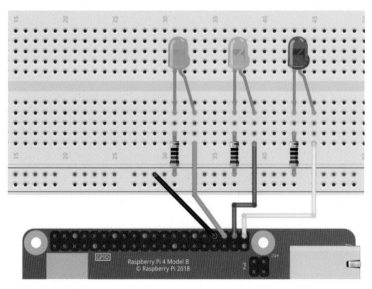

초록색 LED의 긴 다리는 라즈베리 파이의 GPIO16, 파란색 LED의 긴 다리는 라즈베리 파이의 GPIO 20, 빨간색 LED의 긴 다리는 라즈베리 파이의 GPIO 21번 핀에 연결합니다.

[라즈베리파이 코드 작성]

OpenCV의 설치 및 기본 사용방법은 [32. OpenCV 얼굴인식 장치 만들기] 장을 참조합니다.

OpenCV를 이용하여 빨간색, 녹색, 파란색만 추출하는 코드를 만들어 봅니다.

myProjects/project_35/main35.py

```
01 import cv2
02 import numpy as np
03
04 def main():
05     camera = cv2.VideoCapture(-1)
06     camera.set(3,320)
07     camera.set(4,240)
08
09     while(1):
10         _, frame = camera.read()
11
12         hsv = cv2.cvtColor(frame, cv2.COLOR_BGR2HSV)
13
14         lower_blue = (100,100,120)
15         upper_blue = (150,255,255)
16
17         lower_green = (50, 150, 50)
18         upper_green = (80, 255, 255)
19
20         lower_red = (150, 50, 50)
21         upper_red = (180, 255, 255)
22
23         redMask = cv2.inRange(hsv, lower_red, upper_red)
24         greenMask = cv2.inRange(hsv, lower_green, upper_green)
25         blueMask = cv2.inRange(hsv, lower_blue, upper_blue)
26
27         red = cv2.bitwise_and(frame, frame, mask=redMask)
28         green = cv2.bitwise_and(frame, frame, mask=greenMask)
29         blue = cv2.bitwise_and(frame, frame, mask=blueMask)
30
31         cv2.imshow('frame',frame)
32         cv2.imshow('red', red)
33         cv2.imshow('Green', green)
34         cv2.imshow('Blue', blue)
35
36         if cv2.waitKey(1) == ord('q'):
37             break
38
39 cv2.destroyAllWindows()
40
41     if __name__ == '__main__':
42         main()
43
```

14~21: 파란색, 녹색, 빨간색의 최소 최대범위를 설정합니다.

23~25: 각각의 색상을 찾아 마스크합니다.

27~29: 마스크된 색상만을 표시합니다.

31~34: 원본 영상과 빨간색, 파란색, 녹색이 마스크된 영상을 출력합니다.

[실행 결과]

[▶] 눌러 코드를 실행합니다. 카메라에 빨간색만 보여줬을 때 빨간색 부분이 마스크 되어 표시됩니다.

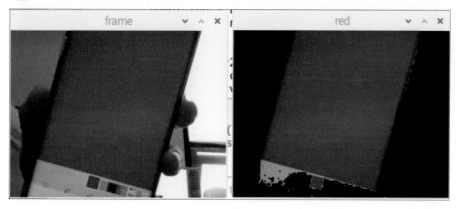

카메라에 녹색만 보여줬을 때 녹색 부분이 마스크 되어 표시됩니다.

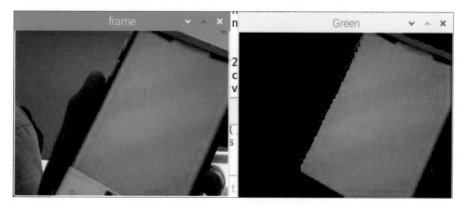

카메라에 파란색 보여줬을 때 파란색 부분이 마스크 되어 표시됩니다.

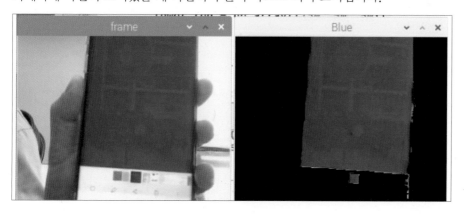

[라즈베리파이 코드 작성]

이제 빨간색, 녹색, 파란색의 값을 수치화하여 봅니다.

myProjects/project_35/main35-1.py

```
01 import cv2
02 import numpy as np
03
04 def main():
05     camera = cv2.VideoCapture(-1)
06     camera.set(3,320)
07     camera.set(4,240)
08
09     while(1):
10         _, frame = camera.read()
11
12         hsv = cv2.cvtColor(frame, cv2.COLOR_BGR2HSV)
13
14         lower_blue = (100,100,120)
15         upper_blue = (150,255,255)
16
17         lower_green = (50, 150, 50)
18         upper_green = (80, 255, 255)
19
20         lower_red = (150, 50,.50)
21         upper_red = (180, 255, 255)
22
23         redMask = cv2.inRange(hsv, lower_red, upper_red)
24         greenMask = cv2.inRange(hsv, lower_green, upper_green)
25         blueMask = cv2.inRange(hsv, lower_blue, upper_blue)
26
27         redPixels = cv2.countNonZero(redMask)
28         greenPixels = cv2.countNonZero(greenMask)
29         bluePixels = cv2.countNonZero(blueMask)
30
31 p       rint(redPixels,greenPixels,bluePixels)
32
33         cv2.imshow('frame',frame)
34
35         if cv2.waitKey(1) == ord('q'):
36             break
37
38     cv2.destroyAllWindows()
39
40 if __name__ == '__main__':
41     main()
```

27~29: countNonZero 를 사용하여 검출된 픽셀의 개수를 알려줍니다.

[실행 결과]

[▶] 눌러 코드를 실행합니다.

빨간색이 검출되었을 때 빨간색 부분의 값이 크게 증가하였습니다.

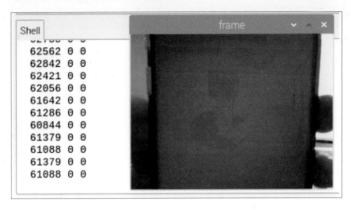

녹색이 검출되었을 때 녹색 부분의 값이 크게 증가하였습니다.

파란색이 검출되었을 때 파란색 부분의 값이 크게 증가하였습니다.

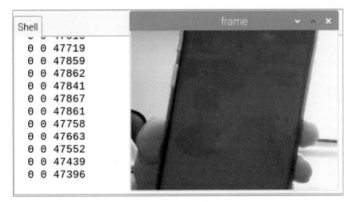

[라즈베리파이 코드 작성]

이제 빨간색, 녹색, 파란색의 값 중 가장 큰 값을 찾고 값의 임계점 이상 넘어갔을 때 색상을 판별한 것으로 라즈베리 파이에 연결된 LED를 색상에 맞게 켜서 완성하도록 합니다.

myProjects/project_35/main35-2.py

```python
01    import cv2
02    from gpiozero import LED
03
04    greenLed = LED(16)
05    blueLed = LED(20)
06    redLed = LED(21)
07
08    def main():
09        camera = cv2.VideoCapture(-1)
10        camera.set(3,320)
11        camera.set(4,240)
12
13        while(1):
14            _, frame = camera.read()
15
16            hsv = cv2.cvtColor(frame, cv2.COLOR_BGR2HSV)
17
18            lower_blue = (100,100,120)
19            upper_blue = (150,255,255)
20
21            lower_green = (50, 150, 50)
22            upper_green = (80, 255, 255)
23
24            lower_red = (150, 50, 50)
25            upper_red = (180, 255, 255)
26
27            redMask = cv2.inRange(hsv, lower_red, upper_red)
28            greenMask = cv2.inRange(hsv, lower_green, upper_green)
29            blueMask = cv2.inRange(hsv, lower_blue, upper_blue)
30
31            redPixels = cv2.countNonZero(redMask)
32            greenPixels = cv2.countNonZero(greenMask)
33            bluePixels = cv2.countNonZero(blueMask)
34
35            #print(redPixels,greenPixels,bluePixels)
36
37            colorList = [redPixels,greenPixels,bluePixels]
38            maxValue = max(colorList)
39            maxPos = colorList.index(maxValue)
40            print( maxValue, maxPos)
42            if maxValue >=500:
43                if maxPos ==0: #red
44                    print( "red on" )
45                    greenLed.value =0
46                    blueLed.value =0
```

```
47                redLed.value =1
48            elif maxPos ==1: #green
49                print("green")
50                greenLed.value =1
51                blueLed.value =0
52                redLed.value =0
53            elif maxPos ==2: #blue
54                print("blue")
55                greenLed.value =0
56                blueLed.value =1
57                redLed.value =0
58        else:
59            greenLed.value =0
60            blueLed.value =0
61            redLed.value =0
62
63        cv2.imshow('frame',frame)
64
65        if cv2.waitKey(1) == ord('q'):
66            break
67
68    cv2.destroyAllWindows()
69    greenLed.value =0
70    blueLed.value =0
71    redLed.value =0
72
73 if __name__ == '__main__':
74     main()
```

37 : 3가지 색상의 픽셀값을 가지는 colorList를 만든다

38 : 최대값을 구해 maxValue 변수에 바인딩합니다.

39 : 최대값의 위치를 구해 maxPos 변수에 바인딩합니다.

42 : 최대값이 500보다 크면 즉 빨간색, 녹색, 파란색 중에 하나를 검출했다면

43~57 : maxPos가 0이면 빨간색위치이므로 빨간색 LED만 켭니다. maxPos가 1이면 녹색 위치이므로 녹색 LED만 켭니다. maxPos가 2이면 파란색위치 이므로 파란색 LED만 켭니다.

[실행 결과]

[▶] 눌러 코드를 실행합니다. 빨간색을 검출하였을 때 빨간색 LED만 켜집니다

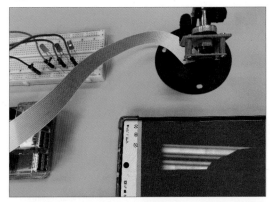

녹색을 검출하였을 때 녹색 LED만 켜집니다

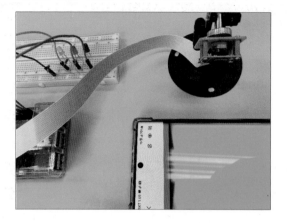

파란색을 검출하였을 때 파란색 LED만 켜집니다

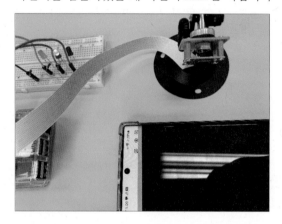

[결과 동영상]

다음은 작품의 동작 결과 동영상의 유튜브 주소입니다.

https://youtu.be/l7HeBClRRrI

작품 36 | OpenCV QR 코드 인식하여 기록하기

학습 목표

QR 코드을 인식하고 인식된 QR 코드를 저장하는 장치를 만들어 봅니다.

[회로 구성]

라즈베리 파이에 카메라만 연결하여 사용합니다.

[라즈베리파이 코드 작성]

OpenCV에는 qr 코드를 읽을 수 있는 함수가 기본적으로 내장되어 있습니다. OpenCV의 함수를 이용하여 qr 코드를 읽어보도록 합니다.

myProjects/project_36/main36.py

```python
01 import cv2
02
03 def main():
04     camera = cv2.VideoCapture(-1)
05     camera.set(3,640)
06     camera.set(4,480)
07
08     while(1):
09         _, frame = camera.read()
10
11         qrDecoder = cv2.QRCodeDetector()
12         data,bbox,recti = qrDecoder.detectAndDecode(frame)
13
14         cv2.imshow('qrcode test',frame)
15         print(data)
16
17         if cv2.waitKey(1) == ord('q'):
18             break
19
20     cv2.destroyAllWindows()
21
22 if __name__ == '__main__':
23     main()
```

11: qr 코드 알고리즘을 불러옵니다.

12: qr 코드를 찾습니다

15: qr 코드의 값을 출력합니다.

[실행 결과]

[▶] 눌러 코드를 실행합니다.

구글에서 "qrcode"로 검색하여 처음에 보이는 qrcode를 카메라에 보였습니다.

라즈베리 파이의 shell 영역에서 qrcode의 값이 출력되었습니다.

[라즈베리파이 코드 작성]

이제 qrcode의 값을 저장하는 코드를 만들어 봅니다.

myProjects/project_36/main36-1.py

```
01 import cv2
02 import time
03
04 def main():
05     camera = cv2.VideoCapture(-1)
06     camera.set(3,640)
07     camera.set(4,480)
08
09     while(1):
10         _, frame = camera.read()
11
12         qrDecoder = cv2.QRCodeDetector()
13         data,bbox,recti = qrDecoder.detectAndDecode(frame)
```

```
14
15          cv2.imshow('qrcode test',frame)
16          #print(data)
17          if recti is not None:
18              print("save data")
19              f = open('qrcode.txt','a')
20              f.write(data + '\r\n')
21              f.close()
22              time.sleep(3.0)
23
24          if cv2.waitKey(1) == ord('q'):
25              break
26
27      cv2.destroyAllWindows()
28
29 if __name__ == '__main__':
30      main()
```

17 : qrcode로 읽는 값이 있습니다면 참이 됩니다.
18~22 : qrcode.txt 파일로 qrcode 를 저장하고 3초 기다립니다.

[실행 결과]

[▶] 눌러 코드를 실행합니다. qr 코드가 인식되면 여러 번 저장됩니다.

```
Python 3.7.3 (/usr/bin/py
>>> %Run main36-1.py
    save data
    save data
    save data
    save data
```

/home/pi/myProjects/project36 폴더에 qrcode.txt 파일로 저장되었습니다. 한 번 qr 코드를 인식시켰지만 코드에서 여러 번 인식되어 여러개가 저장되었습니다.

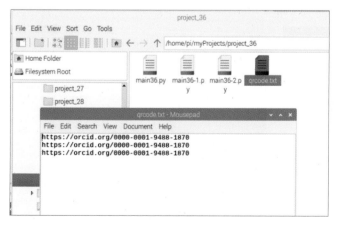

[라즈베리파이 코드 작성]

여러 번 저장되는 것을 방지하기 위하여 파일에서 마지막 줄을 읽어 마지막 줄과 새로 읽은 값이 같다면 저장하지 않는 코드를 만들어 중복으로 저장되는 문제를 해결하고 완성하도록 합니다.

myProjects/project_36/main36-2.py

```python
01 import cv2
02 import time
03
04 def main():
05     camera = cv2.VideoCapture(-1)
06     camera.set(3,640)
07     camera.set(4,480)
08
09     while(1):
10         _, frame = camera.read()
11
12         qrDecoder = cv2.QRCodeDetector()
13         data,bbox,recti = qrDecoder.detectAndDecode(frame)
14
15         cv2.imshow('qrcode test',frame)
16         #print(data)
17         lastline =" "
18         if recti is not None:
19             try:
20                 with open('qrcode.txt', 'r') as f:
21                     lastline = f.readlines()[-1]
22             except:
23                 print("no file")
24
25             print(data,lastline)
26
27             if data in lastline:
28                 print("same data")
29
30             else:
31                 print("save data")
32                 f = open('qrcode.txt','a')
33                 f.write(data + '\r\n')
34                 f.close()
35                 time.sleep(3.0)
36
37             if cv2.waitKey(1) == ord('q'):
38                 break
39
40         cv2.destroyAllWindows()
41
42 if __name__ == '__main__':
43     main()
```

20~21: 파일을 읽어 latline 변수에 마지막 줄을 바인딩합니다.

27~28: 파일의 마지막 줄의 값이 동일합니다면 데이터를 저장하지 않습니다. "same data"를 출력해 같은 데이터라고 출력합니다.

30~35: 새로운 데이터라면 파일을 저장하고 3초 기다립니다.

[실행 결과]

[▶] 눌러 코드를 실행합니다.

qr 코드를 인식시키고 다른 QR를 인식시켜 값이 하나씩 저장되는지 확인합니다.

아래의 qr 코드 사이트는 구글 이미지 검색을 통해 상위에 있는 qr 코드를 무작위로 받은 값입니다.

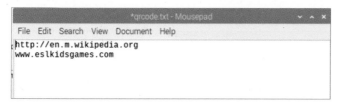

[결과 동영상]

다음은 작품의 동작 결과 동영상의 유튜브 주소입니다.

https://youtu.be/6tA1UtTbnuI

작품 37 ‖ 인공지능 물체검출

학습 목표
인공지능으로 물체를 검출하여봅니다. 주변에 찾은 물체를 사진에 표시합니다.

[파일 다운로드 받기]

/home/pi/myProjects 폴더에 [project_37] 폴더를 생성하고 마우스 오른쪽을 클릭 후 [Open in Terminal]을 선택합니다.

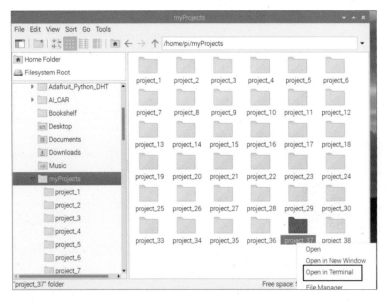

터미널에서 다음의 명령어를 입력하여 파일을 다운로드 받습니다.

```
git clone https://github.com/moonchuljang/OpencvDnn.git
```

위의 github 주소는 필자의 github 주소로 가중치 파일과 예제코드를 사용하기 쉽도록 파일로 올려둔 주소입니다.

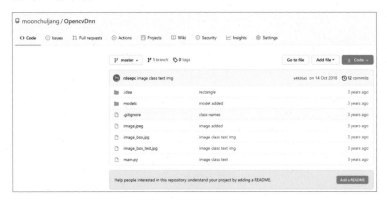

다음과 같이 다운로드 되었습니다.

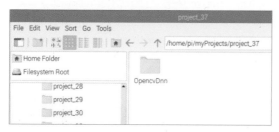

/home/pi/myProjects/project_37 폴더에 방금 다운로드 받은 OpencvDnn 폴더가 생성되었습니다. OpencvDnn 폴더에 접속합니다.

테스트를 할 수 있는 이미지 파일과 main.py의 샘플코드가 있습니다. models 폴더안에는 TensorFlow-Object-Detection-API로 학습된 가중치 파일이 존재합니다.

[models] 폴더에는 tensorflow에서 생성된 모델파일이 있습니다.

/home/pi/myProjects/project_37/OpencvDnn 폴더에서 main.py를 더블클릭하여 실행합니다.

[라즈베리파이 코드 작성]

다음은 main.py의 코드입니다.

/home/pi/myProjects/project_37/OpencvDnn/main.py

```
01 import cv2
02
03 # Pretrained classes in the model
04 classNames = {0: 'background',
05               1: 'person', 2: 'bicycle', 3: 'car', 4: 'motorcycle', 5: 'airplane', 6: 'bus',
06               7: 'train', 8: 'truck', 9: 'boat', 10: 'traffic light', 11: 'fire hydrant',
07               13: 'stop sign', 14: 'parking meter', 15: 'bench', 16: 'bird', 17: 'cat',
08               18: 'dog', 19: 'horse', 20: 'sheep', 21: 'cow', 22: 'elephant', 23: 'bear',
09               24: 'zebra', 25: 'giraffe', 27: 'backpack', 28: 'umbrella', 31: 'handbag',
10               32: 'tie', 33: 'suitcase', 34: 'frisbee', 35: 'skis', 36: 'snowboard',
11               37: 'sports ball', 38: 'kite', 39: 'baseball bat', 40: 'baseball glove',
12               41: 'skateboard', 42: 'surfboard', 43: 'tennis racket', 44: 'bottle',
13               46: 'wine glass', 47: 'cup', 48: 'fork', 49: 'knife', 50: 'spoon',
14               51: 'bowl', 52: 'banana', 53: 'apple', 54: 'sandwich', 55: 'orange',
15               56: 'broccoli', 57: 'carrot', 58: 'hot dog', 59: 'pizza', 60: 'donut',
16               61: 'cake', 62: 'chair', 63: 'couch', 64: 'potted plant', 65: 'bed',
17               67: 'dining table', 70: 'toilet', 72: 'tv', 73: 'laptop', 74: 'mouse',
18               75: 'remote', 76: 'keyboard', 77: 'cell phone', 78: 'microwave', 79: 'oven',
19               80: 'toaster', 81: 'sink', 82: 'refrigerator', 84: 'book', 85: 'clock',
20               86: 'vase', 87: 'scissors', 88: 'teddy bear', 89: 'hair drier', 90: 'toothbrush'}
21
22
23 def id_class_name(class_id, classes):
24     for key, value in classes.items():
25         if class_id == key:
26             return value
27
28
29 # Loading model
30 model = cv2.dnn.readNetFromTensorflow('models/frozen_inference_graph.pb',
31 'models/ssd_mobilenet_v2_coco_2018_03_29.pbtxt')
32 image = cv2.imread("image.jpeg")
33
34 image_height, image_width, _ = image.shape
35
36 model.setInput(cv2.dnn.blobFromImage(image, size=(300, 300), swapRB=True))
37 output = model.forward()
38 # print(output[0,0,:,:].shape)
39
40
41 for detection in output[0, 0, :, :]:
42     confidence = detection[2]
```

```
43              if confidence > .5:
44                  class_id = detection[1]
45                  class_name=id_class_name(class_id,classNames)
46                  print(str(str(class_id) + "  " + str(detection[2]) + "  " + class_name))
47                  box_x = detection[3] * image_width
48                  box_y = detection[4] * image_height
49                  box_width = detection[5] * image_width
50                  box_height = detection[6] * image_height
51                      cv2.rectangle(image, (int(box_x), int(box_y)), (int(box_width), int(box_
height)), (23, 230, 210), thickness=1)
52                      cv2.putText(image,class_name ,(int(box_x), int(box_y+.05*image_height)),cv2.
FONT_HERSHEY_SIMPLEX,(.005*image_width),(0, 0, 255))
53
54
55
56
57
58 cv2.imshow('image', image)
59 # cv2.imwrite("image_box_text.jpg",image)
60
61 cv2.waitKey(0)
62 cv2.destroyAllWindows()
63
```

04~20 : 딕셔너리 자료형으로 ID와 이름을 매칭합니다. 학습된 90개의 객체를 매칭합니다.

23~26 : ID에 따라 클래스 이름을 가져와 반환합니다. 즉 ID를 이름으로 변경합니다.

30 : cv2.dnn.readNetFromTensorflow를 이용하여 모델을 불러옵니다. 가중치 파일과 객체리스트는 /home/pi/AI_
CAR/OpencvDnn/models 폴더에 위치합니다.

32 : image.jpg 파일을 불러옵니다. image.jpg 파일은 /home/pi/AI_CAR/OpencvDnn 폴더에 위치합니다. 동일한 폴더
에 위치하기 때문에 경로를 추가하지 않아도 됩니다.

34 : 이미지에서 높이와 넓이를 가지고 옵니다.

36 : cv2.dnn.blobFromImage으로 이미지를 전처리합니다. 사이즈를 300*300으로 줄입니다. 사이즈가 크면 시간이
오래걸리기 때문에 사이즈를 줄입니다. model.setInput으로 입력합니다.

37 : 출력된 결과를 얻습니다.

41~52 : 객체를 탐지하여 신뢰도가 50% 이상이면 네모박스와 검출된 이름을 그립니다.

43 : 신뢰도가 50% 이상이면 조건이 참이 됩니다.

58 : 그림을 출력합니다.

61 : 키 입력시간이 0이기 때문에 키를 입력받을 때까지 여기서 머무릅니다.

62 : 아무키나 입력받으면 모든창을 닫고 종료합니다.

[▶] 눌러 코드를 실행합니다. image.jpeg 파일에서 person과 dog를 찾아 표시하였습니다.

[라즈베리파이 코드 작성]

이제 실시간으로 영상을 받아 객체를 찾아보는 코드를 만들어 봅니다.

/home/pi/myProjects/project_37 폴더에서 main37.py 파일을 만들어 코드를 작성합니다.

/home/pi/myProjects/project_37/main37.py

```
01 import cv2
02
03 classNames = {0: 'background',
04               1: 'person', 2: 'bicycle', 3: 'car', 4: 'motorcycle', 5: 'airplane', 6: 'bus',
05               7: 'train', 8: 'truck', 9: 'boat', 10: 'traffic light', 11: 'fire hydrant',
06               13: 'stop sign', 14: 'parking meter', 15: 'bench', 16: 'bird', 17: 'cat',
07               18: 'dog', 19: 'horse', 20: 'sheep', 21: 'cow', 22: 'elephant', 23: 'bear',
08               24: 'zebra', 25: 'giraffe', 27: 'backpack', 28: 'umbrella', 31: 'handbag',
09               32: 'tie', 33: 'suitcase', 34: 'frisbee', 35: 'skis', 36: 'snowboard',
10               37: 'sports ball', 38: 'kite', 39: 'baseball bat', 40: 'baseball glove',
11               41: 'skateboard', 42: 'surfboard', 43: 'tennis racket', 44: 'bottle',
12               46: 'wine glass', 47: 'cup', 48: 'fork', 49: 'knife', 50: 'spoon',
13               51: 'bowl', 52: 'banana', 53: 'apple', 54: 'sandwich', 55: 'orange',
14               56: 'broccoli', 57: 'carrot', 58: 'hot dog', 59: 'pizza', 60: 'donut',
15               61: 'cake', 62: 'chair', 63: 'couch', 64: 'potted plant', 65: 'bed',
16               67: 'dining table', 70: 'toilet', 72: 'tv', 73: 'laptop', 74: 'mouse',
17               75: 'remote', 76: 'keyboard', 77: 'cell phone', 78: 'microwave', 79: 'oven',
18               80: 'toaster', 81: 'sink', 82: 'refrigerator', 84: 'book', 85: 'clock',
19               86: 'vase', 87: 'scissors', 88: 'teddy bear', 89: 'hair drier', 90: 'toothbrush' }
20
21 def id_class_name(class_id, classes):
```

```
22      for key, value in classes.items():
23          if class_id == key:
24              return value
25
26  camera = cv2.VideoCapture(-1)
27  camera.set(3, 640)
28  camera.set(4, 480)
29
30  def main():
31      try:
32      model = cv2.dnn.readNetFromTensorflow('/home/pi/myProjects/project_37/OpencvDnn/models/fro-
zen_inference_graph.pb',
33  '/home/pi/myProjects/project_37/OpencvDnn/models/ssd_mobilenet_v2_coco_2018_03_29.pbtxt')
34      while True:
35          keyValue = cv2.waitKey(1)
36
37          if keyValue == ord('q') :
38              break
39
40          _, image = camera.read()
41
42          image_height, image_width, _ = image.shape
43
44          model.setInput(cv2.dnn.blobFromImage(image, size=(300, 300), swapRB=True))
45          output = model.forward()
46
47          for detection in output[0, 0, :, :]:
48              confidence = detection[2]
49              if confidence > .5:
50                  class_id = detection[1]
51                  class_name=id_class_name(class_id,classNames)
52                      print(str(str(class_id) + " " + str(detection[2]) + " " + class_name))
53                  box_x = detection[3] * image_width
54                  box_y = detection[4] * image_height
55                  box_width = detection[5] * image_width
56                  box_height = detection[6] * image_height
57                      cv2.rectangle(image, (int(box_x), int(box_y)), (int(box_width), int(box_
height)), (23, 230, 210), thickness=1)
58                      cv2.putText(image,class_name ,(int(box_x), int(box_y+.05*image_height)),cv2.
FONT_HERSHEY_SIMPLEX,(.005*image_width),(0, 0, 255))
59
60              cv2.imshow('image', image)
61
62
63  except KeyboardInterrupt:
64      pass
65
66  if __name__ == '__main__':
67      main()
68      cv2.destroyAllWindows()
69
```

26~28 : Opencv 설정

32~33 : 모델을 불러옵니다. 우리가 실행하고있는 파일인 [11_2.py]의 위치는 /home/pi/AI_CAR 폴더입니다. 모델이 저장
된 위치는 /home/pi/AI_CAR/OpencvDnn/models 폴더이기 때문에 절대 경로로 지정하였습니다.

44~45 : 모델을 입력합니다.

47~58 : 학습된 90개의 객체 중 찾았으면 네모칸과 이름을 그립니다.

60   : 이미지를 출력합니다.

[실행 결과]

[▶] 을 눌러 실행합니다

주변의 물체를 실시간으로 감지하여봅니다. 필자 주변에는 TV(모니터) 등을 감지하였습니다.

[결과 동영상]

다음은 작품의 동작 결과 동영상의 유튜브 주소입니다.

https://youtu.be/kvzn01wfELY

인공지능 나이와 성별 인식

학습 목표

인공지능으로 카메라로 인식한 영상에서 얼굴을 찾고 나이와 성별을 예측하여 영상에 표시하는 프로그램을 만들어 봅니다.

[가중치 파일과 예제 코드 다운받기]

/home/pi/myProjects 폴더에 [project_38] 폴더를 생성하고 마우스 오른쪽을 클릭 후 [Open in Terminal]을 선택합니다.

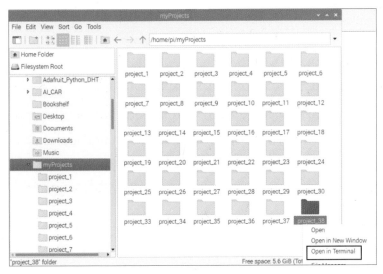

다음의 명령어를 터미널에 입력하여 caffe로 만들어진 가중치 파일과 샘플코드를 라즈베리 파이로 다운로드 받습니다.

```
git clone https://github.com/moonchuljang/facefind.git
```

위의 github 주소는 필자의 github 주소로 가중치 파일과 예제코드를 사용하기 쉽도록 파일로 올려둔 주소입니다.

다음과 같이 다운로드 되었습니다.

```
pi@raspberrypi:~/myProjects/project_38 $ git clone https://github.com/moonchulja
ng/facefind.git
Cloning into 'facefind'...
remote: Enumerating objects: 11, done.
remote: Counting objects: 100% (11/11), done.
remote: Compressing objects: 100% (9/9), done.
remote: Total 11 (delta 1), reused 11 (delta 1), pack reused 0
Unpacking objects: 100% (11/11), done.
```

/home/pi/myProjects/project_38 폴더에 방금 다운로드 받은 [facefind] 폴더가 생성되었습니다.

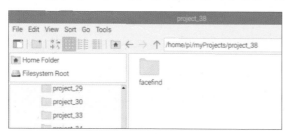

facenet.py 의 샘플코드와 caffe 에서 생성된 인공지능 알고리즘이 적용된 가중치 파일 [age_net.caffemodel],[gender_net.caffemodel],[deploy_age.prototxt],[deploy_gender. prototxt] openCV에서 얼굴을 인식하는 알고리즘이 적용된 [haarcascade_frontalface_alt.xml] 파일을 확인할 수 있습니다. OpenCV의 DNN을 이용하여 caffe에서 생성된 알고리즘을 읽어 적용할 수 있습니다.

[facenet.py] 파일을 더블클릭하여 실행해봅니다

[라즈베리파이 코드 작성]

다음의 [facenet.py] 파일을 실행합니다.

/home/pi/myProjects/project_38/facefind/facenet.py

```
01 import cv2
02
03 cascade_filename = 'haarcascade_frontalface_alt.xml'
04 cascade = cv2.CascadeClassifier(cascade_filename)
05
06 MODEL_MEAN_VALUES = (78.4263377603, 87.7689143744, 114.895847746)
07
08 age_net = cv2.dnn.readNetFromCaffe(
09     'deploy_age.prototxt',
10     'age_net.caffemodel')
```

```
11
12 gender_net = cv2.dnn.readNetFromCaffe(
13     'deploy_gender.prototxt',
14     'gender_net.caffemodel')
15
16 age_list = ['(0 ~ 2)','(4 ~ 6)','(8 ~ 12)','(15 ~ 20)',
17             '(25 ~ 32)','(38 ~ 43)','(48 ~ 53)','(60 ~ 100)']
18
19 gender_list = ['Male', 'Female']
20
21 def main():
22     camera = cv2.VideoCapture(-1)
23     camera.set(3,640)
24     camera.set(4,480)
25
26     while( camera.isOpened() ):
27
28     _,img = camera.read()
29
30     img = cv2.resize(img,dsize=None,fx=1.0,fy=1.0)
31
32     gray = cv2.cvtColor(img, cv2.COLOR_BGR2GRAY)
33
34     results = cascade.detectMultiScale(gray, # 입력 이미지
35         scaleFactor= 1.1,# 이미지 피라미드 스케일 factor
36         minNeighbors=5, # 인접 객체 최소 거리 픽셀
37         minSize=(20,20) # 탐지 객체 최소 크기
38         )
39
40     for box in results:
41         x, y, w, h = box
42         face = img[int(y):int(y+h),int(x):int(x+h)].copy()
43         blob = cv2.dnn.blobFromImage(face, 1, (227, 227), MODEL_MEAN_VALUES, swapRB=False)
44
45         gender_net.setInput(blob)
46         gender_preds = gender_net.forward()
47         gender = gender_preds.argmax()
48
49         age_net.setInput(blob)
50         age_preds = age_net.forward()
51         age = age_preds.argmax()
52
53         info = gender_list[gender] +'  '+ age_list[age]
54
55         cv2.rectangle(img, (x,y), (x+w, y+h), (255,255,255), thickness=2)
56         cv2.putText(img,info,(x,y-15),0, 0.5, (0, 255, 0), 1)
57
58     cv2.imshow('facenet',img)
59
60     if cv2.waitKey(1) == ord('q'):
```

```
61          break
62
63      cv2.destroyAllWindows()
64
65  if __name__ == '__main__':
66      main()
```

03~04 : opencv에서 얼굴을 찾는 xml 파일입니다.

08~09 : caffe에서 생성된 나이를 알 수 있는 인공지능 알고리즘이 적용된 파일의 경로입니다. [facenet.py]파일의 경로와 같이 때문에 파일의 이름만 적어줍니다.

12~13 : caffe에서 생성된 성별을 알수 있는 인공지능 알고리즘이 적용된 파일의 경로입니다.

16~17 : 나이의 리스트를 생성하였습니다.

19　　 : 성별의 리스트를 생성하였습니다.

34~37 : 영상에서 얼굴을 찾습니다.

40　　 : 찾은 얼굴이 있습니다면 반복문을 실행합니다.

45~47 : 얼굴의 성별을 찾습니다.

49~51 : 얼굴의 나이를 찾습니다.

54~57 : 결과를 영상에 보여줍니다.

[실행 결과]

[▶] 눌러 코드를 실행합니다.

영상에 얼굴을 비추어 성별과 나이를 예측할 수 있습니다. 필자의 딸아이로 실제 한국 나이로 5살이니 비슷하게 맞추었습니다

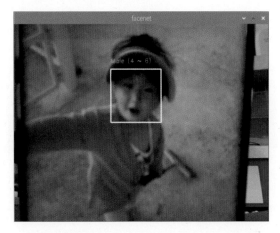

[결과 동영상]

다음은 작품의 동작 결과 동영상의 유튜브 주소입니다.

https://youtu.be/-WcVisnTgK8

Node-RED를 사용한 LED 제어 GUI 프로그램 만들기

학습 목표

Node-RED 를 사용하여 코드없이 LED를 제어할 수 있는 GUI 프로그램을 만들어 봅니다.

[준비물]

다음과 같은 부품을 준비합니다.

부품명	수량
브레드보드	1개
LED 녹색	1개
LED 파랑	1개
LED 빨강	1개
220옴저항(빨빨검검갈)	3개
암/수 점퍼케이블	4개

[회로 구성]

브레드보드에 다음의 회로를 꾸며 연결합니다.

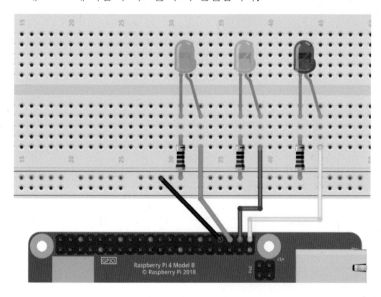

초록색 LED의 긴 다리는 라즈베리 파이의 GPIO16, 파란색 LED의 긴 다리는 라즈베리 파이의 GPIO 20, 빨간색 LED의 긴 다리는 라즈베리 파이의 GPIO 21번 핀에 연결합니다.

[Node-Red 설치하기]

아래의 명령어 2개를 입력하여 Node-Red를 설치합니다.

```
sudo apt install build-essential git curl

bash <(curl -sL https://raw.githubusercontent.com/node-red/linux-installers/master/deb/
update-nodejs-and-nodered)
```

설치 시 라즈베리 파이의 id와 비밀번호를 입력합니다.

id: pi 비밀번호: raspberry 그 후 여러 번의 엔터를 입력하여 설정한 후 설치를 마무리 합니다.

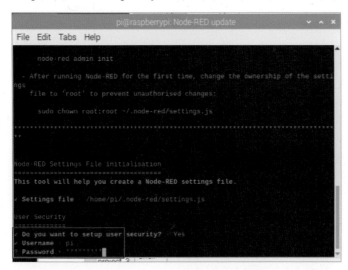

[라즈베리 파이 아이콘] -> [Programming] -> [Node-RED]를 클릭하여 실행합니다.

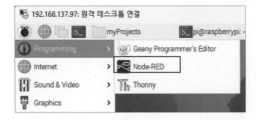

다음과 같이 실행되었습니다. http://<자신의주소>:1880 으로 접속이 가능합니다.

라즈베리 파이의 웹브라우저에서 http://〈자신의주소〉:1880 주소로 접속합니다.

다음과 같이 Node-RED 를 이용하여 프로그램을 할 수 있는 페이지가 나옵니다.

[노드영역]의 아이콘을 [플로우 영역]으로 끌어 프로그램합니다. [사이드바]에는 정보가 출력됩니다.

라즈베리 파이와 원격으로 연결되어 있다면 원격으로 접속한 컴퓨터에서도 같은 주소를 입력하여 접속할 수 있습니다. 아래는 컴퓨터의 크롬 브라우저를 이용하여 접속하였습니다. 원격으로 접속하였다면 컴퓨터가 속도가 빠르기 때문에 컴퓨터에서 프로그램하는 것을 추천합니다.

이제 LED를 제어하는 Node-RED 프로그램을 만들어 봅니다

[inject] 노드를 끌어 플로우 영역에 위치시킵니다. 위치후 [타임스탬프]로 변경되었습니다.

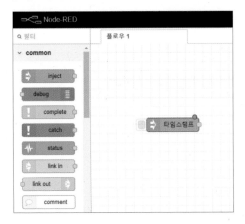

[타임스탬프]를 더블클릭하면 설정할 수 있는 창이 나옵니다.

msd.payload 항목에서 [아래쪽 화살표]를 누르고 [string]을 선택합니다.

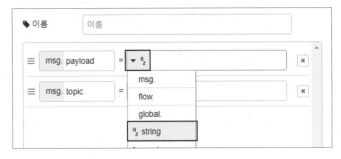

이름의 On으로 payload의 값을 1로 수정 후 [완료] 합니다.

[On]으로 이름이 변경되었습니다.

[inject] 노드를 하나 더 끌어와 플로우에 위치 시킨 후 속성을 다음과 같이 변경합니다.

[On] [Off] 두 개의 입력 노드가 만들어졌습니다.

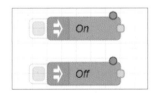

노드 영역에서 스크롤을 아래로 내려 Raspberry Pi에서 [rpi-gpio out] 노드를 끌어 플로우 영역에 위치시킵니다.

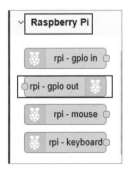

더블클릭하여 설정합니다.

GPIO16번을 선택합니다. 이름을 LED_GREEN으로 변경 후 [완료]를 클릭하여 완료합니다.

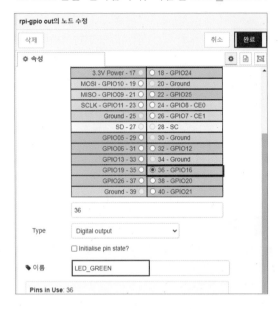

이제 노드를 연결하여봅니다. 노드간의 연결은 각 노드의 점들을 드래그하여 선을 이어주면 연결됩니다.

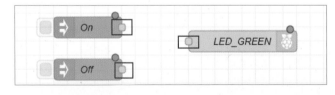

다음과 같이 노드를 연결하였습니다.

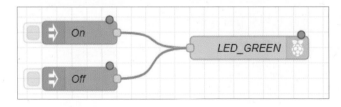

배포하기를 클릭하여 실행합니다.

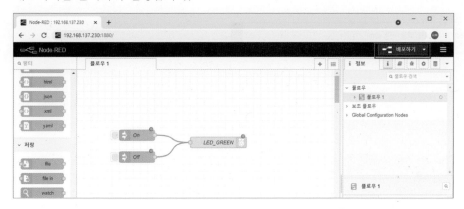

코드에 이상이 없다면 "배포가 성공했습니다"가 출력됩니다.

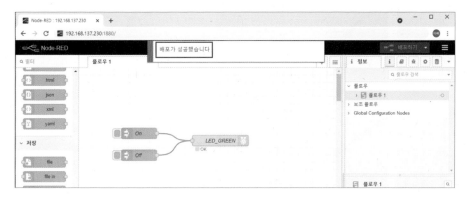

코드가 실행상태는 Node-RED의 콘솔창에서 확인이 가능합니다.

입력 노드의 앞부분을 클릭하여 녹색 LED를 켜고 꺼봅니다

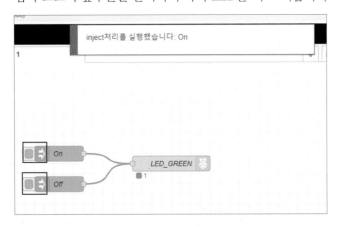

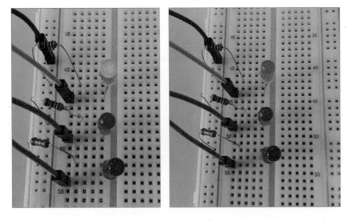

[Node-RED를 이용하여 LED를 제어하는 GUI 프로그램 만들기]

Node-RED는 이처럼 선을 연결하는 쉬운 프로그램을 통해 기능을 구현할 수 있습니다.

이제 node-RED에서 LED를 제어하는 GUI 프로그램을 만들어 봅니다. Node-RED에서 많이 사용하는 GUI로는 node-red-dashboard 가있습니다. 추가기능으로 설치합니다.

[설정아이콘] -> [팔렛트 관리]를 클릭합니다.

[설기가능한 노드] 탭에서 "dashboard"를 검색하여 [node-red-dashboard]를 설치합니다.

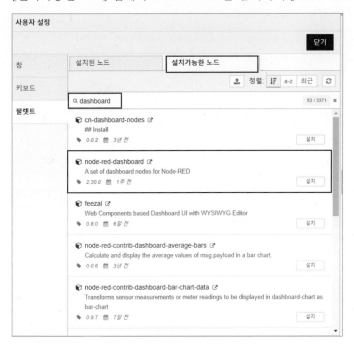

[설치]를 눌러 계속 진행합니다.

설치 완료 후 [닫기]를 눌러 나갑니다.

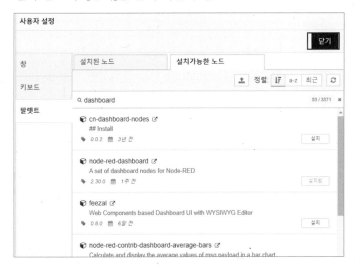

노드영역에서 스크롤을 아래로 내리면 dashnoard를 확인할 수 있습니다.

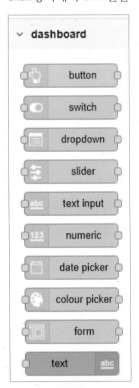

[On] [Off] 입력노드를 삭제합니다.

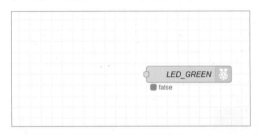

dashnoard에서 switch를 끌어 플로우 영역에 위치시킵니다. switch를 더블 클릭하여 설정합니다.

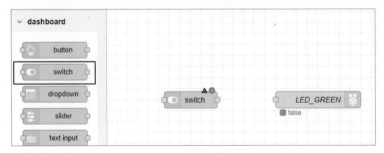

[펜 모양]을 클릭하여 Group를 설정합니다.

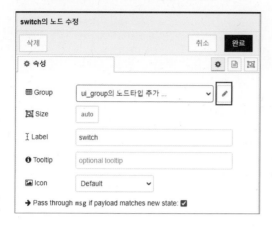

Name을 LED 제어로 변경 후 [추가] 버튼을 클릭합니다.

Label을 녹색 LED로 변경 후 [완료]를 눌러 완료합니다. On Payload와 Off Payload의 설정은 기본값으로 둡니다.

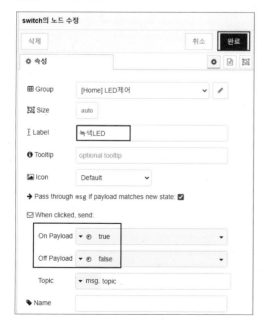

녹색 LED와 LED_GREEN을 이어줍니다.

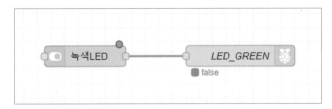

[배포하기]를 클릭하여 배포합니다.

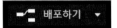

http://〈자신의주소〉:1880/ui 에 접속하면 dashboard로 만든 ui를 확인할 수 있습니다.

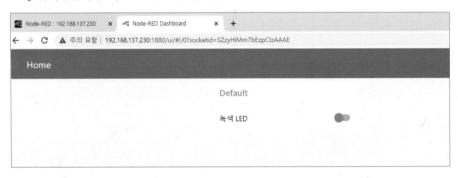

스위치 부분을 마우스로 조작하여 녹색 LED가 켜지고 꺼지는지 확인합니다.

swich 두 개를 더 추가하여 아래와 같이 노드를 연결합니다.

파란색 LED, 빨간색 LED, LED_BLUE, LED_RED 노드에 대한 설정입니다.

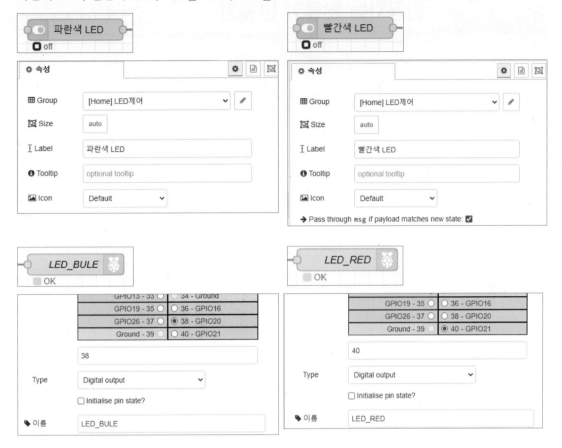

[배포하기]를 클릭하여 배포합니다.

http://〈자신의주소〉:1880/ui 에 접속하여 아이콘을 클릭하여 LED를 제어해봅니다.

[결과 동영상]

다음은 작품의 동작 결과 동영상의 유튜브 주소입니다.

https://youtu.be/Ceqrk7OfQu4

인공지능 분류기 만들기

학습 목표

카메라를 이용하여 물건을 분류하는 인공지능 분류기를 만들어 봅니다.

[라이브러리 설치]

Thonnt IDE에서 가상 환경의 파이썬으로 선택되었는지 확인한 후 [Open system shell]을 클릭하여 터미널을 열어줍니다.

터미널에 아래의 명령어를 입력하여 opencv 라이브러리를 설치합니다.

```
pip3 install opencv-python
```

터미널에 아래의 명령어를 입력하여 tensorflow 라이브러리를 설치합니다.

```
pip3 install tensorflow
```

회로 연결은 하지 않고 라즈베리 파이에 카메라만 연결하여 진행합니다.

이미지를 분류하기 위해서 버튼, LED, 초음파센서를 준비하였습니다.

[라즈베리파이 코드 작성]

라즈베리 파이에 연결된 카메라의 동작을 확인하는 코드를 작성해봅니다.

```
/home/pi/myProjects/project_40/main40.py
01    import cv2
02
03    cap = cv2.VideoCapture(-1)
04
05    while True:
06        ret, frame = cap.read()
07
08        cv2.imshow("Camera", frame)
09
10        if cv2.waitKey(1) &0xFF == ord('q'):
11            break
12
13    cap.release()
14    cv2.destroyAllWindows()
```

01: OpenCV 라이브러리를 가져옵니다.

03: 'cv2.VideoCapture(-1)'을 사용하여 웹캠을 엽니다. '-1'은 사용 가능한 첫 번째 웹캠을 선택하도록 합니다. 웹캠이 여러 대 연결되어 있는 경우, 원하는 웹캠을 선택할 수 있습니다.

06: 'cap.read()'를 사용하여 웹캠에서 한 프레임을 읽습니다. 'ret'은 성공 여부를 나타내는 부울 값이며, 'frame'은 읽은 이미지 프레임입니다.

08: 'cv2.imshow("Camera", frame)'를 사용하여 읽은 프레임을 "Camera"라는 창에 표시합니다.

10: 'cv2.waitKey(1) & 0xFF == ord('q')'를 사용하여 'q' 키가 눌렸을 때 루프를 종료합니다. 'q' 키를 누르면 무한 루프가 종료되고 웹캠이 해제됩니다.

[실행 결과]

[▶] 눌러 코드를 실행합니다. 카메라의 영상이 출력되었습니다.

[라즈베리파이 코드 작성]

OpenCV를 이용하여 키보드값을 입력받아 출력하는 코드를 작성해봅니다.

```
/home/pi/myProjects/project_40/main40-1.py
01    import cv2
02
03    cap = cv2.VideoCapture(-1)
04
05    while True:
06        ret, frame = cap.read()
07
08        cv2.imshow("Camera", frame)
09
10        key = cv2.waitKey(1) &0xFF
11
12        if key == ord('q'):
13            break
14        elif key == ord('1'):
15            print('1 ok')
16        elif key == ord('2'):
17            print('2 ok')
18        elif key == ord('3'):
19            print('3 ok')
20        elif key == ord('4'):
21            print('4 ok')
22
23    cap.release()
24    cv2.destroyAllWindows()
```

10~11 : cv2.waitKey(1) & 0xFF를 사용하여 키 입력을 대기합니다. 키 입력이 있으면 key 변수에 키의 ASCII 코드 값이 저장됩니다.

12~22 : 키 입력에 따라 다른 동작을 수행합니다. 'q' 키를 누르면 무한 루프가 종료되고 웹캠이 해제됩니다. '1', '2', '3', '4' 키를 누르면 각각 '1 ok', '2 ok', '3 ok', '4 ok'를 출력합니다.

[실행 결과]

[▶] 눌러 코드를 실행합니다.

화면을 클릭한 후 숫자 1, 2, 3을 눌러 값을 확인합니다.

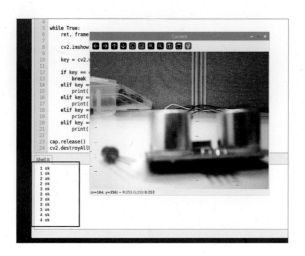

1, 2, 3, 4 키를 눌러 1을 누르면 1번 폴더에, 2를 누르면 2번 폴더에, 3을 누르면 3번 폴더에 이미지를 저장하는 코드를 작성해봅니다.

/home/pi/myProjects/project_40/main40-2.py

```
01    import cv2
02    import os
03
04    try:
05        os.makedirs("images", exist_ok=True)
06        os.makedirs("images/1", exist_ok=True)
07        os.makedirs("images/2", exist_ok=True)
08        os.makedirs("images/3", exist_ok=True)
09        os.makedirs("images/4", exist_ok=True)
10    except:
11        pass
12
13    cap = cv2.VideoCapture(-1)
14
15    img1_cnt =0
16    img2_cnt =0
17    img3_cnt =0
18    img4_cnt =0
19    while True:
20        ret, frame = cap.read()
21
22        cv2.imshow("Camera", frame)
23
24        key = cv2.waitKey(1) &0xFF
25
```

```
26          if key == ord('q'):
27              break
28          elif key == ord('1'):
29              print('1 ok')
30              cv2.imwrite(f"images/1/{img1_cnt}.png", frame)
31              img1_cnt = img1_cnt +1
32          elif key == ord('2'):
33              print('2 ok')
34              cv2.imwrite(f"images/2/{img2_cnt}.png", frame)
35              img2_cnt = img2_cnt +1
36          elif key == ord('3'):
37              print('3 ok')
38              cv2.imwrite(f"images/3/{img3_cnt}.png", frame)
39              img3_cnt = img3_cnt +1
40          elif key == ord('4'):
41              print('4 ok')
42              cv2.imwrite(f"images/4/{img4_cnt}.png", frame)
43              img4_cnt = img4_cnt +1
44
45      cap.release()
46      cv2.destroyAllWindows()
```

4~11 : 디렉토리 생성을 시도합니다. "images", "images/1", "images/2", "images/3", "images/4" 디렉토리를 만듭니다. 이미 디렉토리가 존재하면 'exist_ok=True'를 사용하여 오류가 발생하지 않도록 합니다.

24 : 'cv2.waitKey(1) & 0xFF'를 사용하여 키 입력을 대기합니다. 키 입력이 있으면 'key' 변수에 키의 ASCII 코드 값이 저장됩니다.

26~43 : 키 입력에 따라 다른 동작을 수행합니다. 'q' 키를 누르면 무한 루프가 종료되고 웹캠이 해제됩니다. '1', '2', '3', '4' 키를 누르면 각각 다른 디렉토리에 프레임을 이미지 파일로 저장하고 해당 카운트 변수를 증가시킵니다.

[실행 결과]

[▶] 눌러 코드를 실행합니다. 웹캠에서 실시간 영상을 표시하고 '1', '2', '3', '4' 키를 누르면 해당 디렉토리에 이미지 파일로 프레임이 저장됩니다.

사진을 각각 20장 이상 다양한 각도로 찍어서 사진을 저장합니다.

숫자 1을 눌러 images/1 폴더에는 버튼 사진을 저장합니다.

숫자 2를 눌러 images/2 폴더에는 LED 사진을 저장합니다.

숫자 3을 눌러 images/3 폴더에는 초음파센서 모듈 사진을 저장합니다.

숫자 4를 눌러 images/4 폴더에는 아무것도 없는 배경 사진을 저장합니다.

코드를 실행한 폴더인 /home/pi/myProjects/project_40 폴더에 [images] 폴더가 생성되었습니다. 사진을 잘못 저장하였다면 폴더를 삭제한 다음 코드를 다시 실행 후 사진을 찍어 저장합니다.

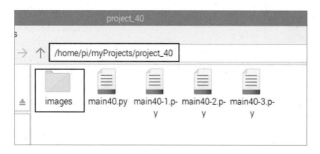

[images] 폴더에 1, 2, 3 폴더가 생성되었습니다. 1을 누르면 1번 폴더에 사진이 저장되고, 2를 누르면 2번 폴더, 3을 누르면 3번 폴더, 4를 누르면 4번 폴더에 사진이 저장됩니다.

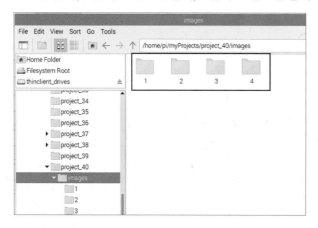

폴더를 하나 열어보면 사진이 잘 저장되었음을 확인할 수 있습니다.

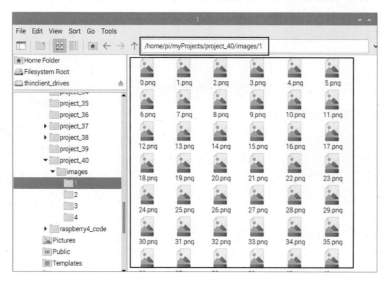

이미지를 압축하여 PC로 전송해봅니다.
[images] 폴더에 마우스 오른쪽을 클릭 후 [Compress]를 클릭합니다.

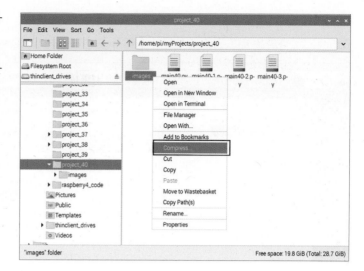

이름은 변경하지 않고 압축 타입을 7zip으로 선택한 후 [Create]를 눌러 압축합니다.

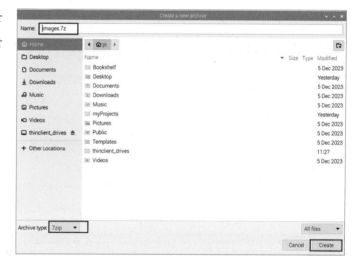

/home/pi 폴더에 images.7z 압축된 파일이 생성되었습니다.

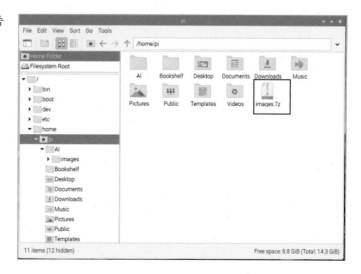

[VNC 뷰어를 이용할 경우]

images.7z 파일을 윈도우로 복사하기 위해서 오른쪽 위의 VNC 아이콘을 클릭합니다.

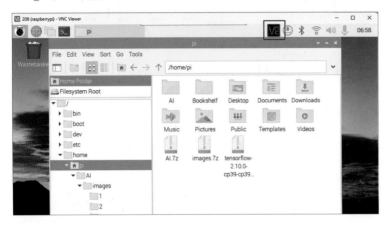

설정부분을 클릭 후 [File Transfer]를 클릭합니다.

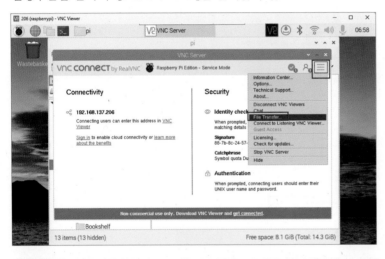

[Send files]를 클릭합니다.

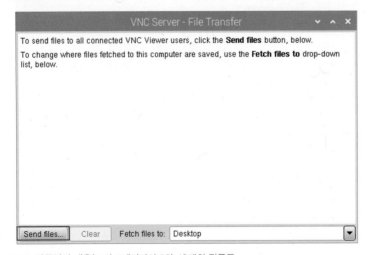

images.7z를 선택 후 [OK]를 클릭하여 윈도우로 복사합니다.

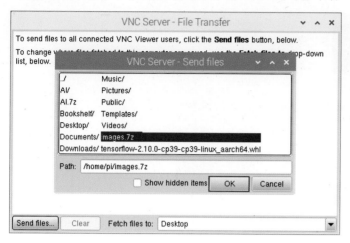

윈도우의 바탕화면으로 파일이 복사되었습니다. 압축을 풀어 준비합니다.

[원격을 이용할 경우]

압축된 파일에 마우스 오른쪽을 클릭하고 [Copy]를 눌러 복사합니다.

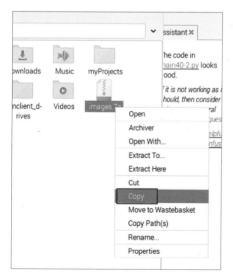

윈도우에서 붙여넣기를 이용하여 붙여넣습니다.

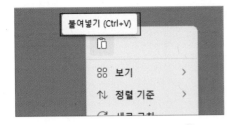

파일이 윈도우로 복사 중입니다.

복사된 파일의 압축을 풀어 준비합니다.

[티쳐블머신 접속하기]

구글에서 티쳐블머신을 검색 후 아래 사이트에 접속합니다.

[시작하기]를 클릭합니다.

[이미지 프로젝트]를 클릭합니다.

[표준 이미지 모델]을 클릭합니다.

클래스 이름을 button, led, ultrasonic, background로 변경합니다. 기본 2개의 클래스만 있기 때문에 클래스 추가를 클릭하여 클래스의 추가가 가능합니다.

button, led, ultrasonic, background 클래스로 이름이 변경되었습니다.

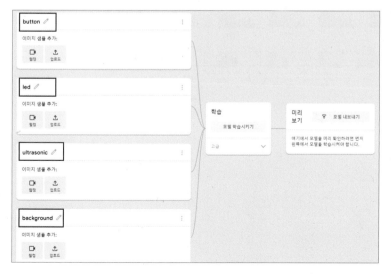

button을 클릭 후 파일에서 이미지 선택을 클릭합니다.

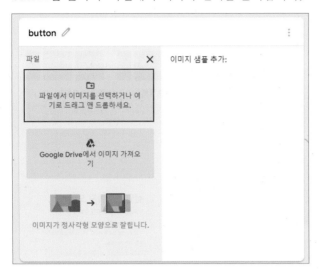

압축을 풀어둔 images/1번 폴더에 녹색 이미지가 저장되어 있습니다. 폴더에 접속한 다음 [컨트롤 + A]를 눌러 모두 선택한 후 [열기]를 눌러 이미지를 업로드합니다.

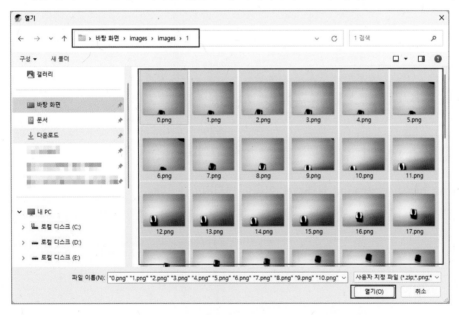

이미지가 업로드 되었습니다.

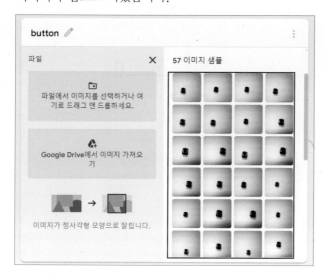

위와 동일한 방법으로 led, ultrasonic, background 이미지를 추가합니다.

images/2 번은 led, , images/3 번은 ultrasonic, images/4 번은 background 입니다.

이미지를 추가 후 [모델 학습시키기]를 클릭하여 모델을 학습합니다.

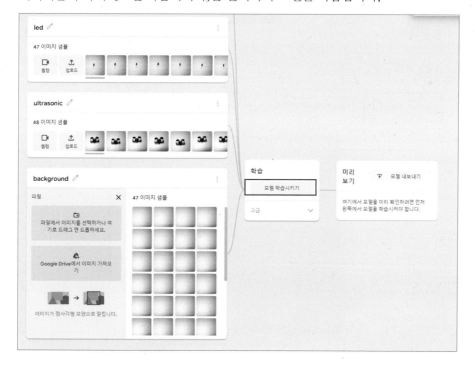

학습 완료 후 [모델 내보내기]를 클릭합니다.

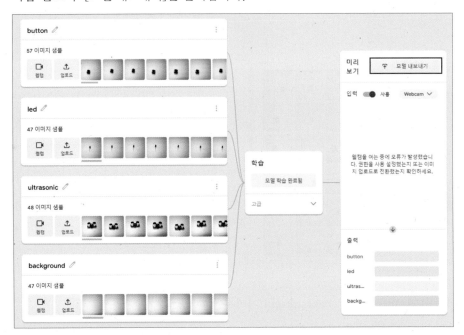

[Tensorflow] 탭으로 이동 후 [모델 다운로드]를 클릭하여 모델을 다운로드 받습니다. 모델 변환하는데 1~2분 가량 소요됩니다.

파일을 저장합니다.

다운로드 폴더에 모델파일이 압축된 파일이 저장되었습니다.

[VNC 뷰어를 이용할 경우]

파일을 라즈베리 파이로 복사하기 위해서 VNC 뷰어의 가운데 중앙 부분을 클릭하여 파일 전송 아이콘을 클릭합니다.

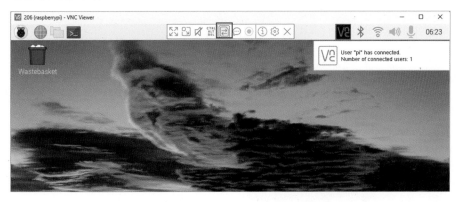

[Send files]를 클릭합니다.

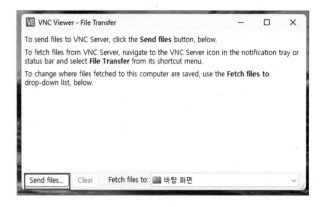

다운로드 폴더에서 모델파일을 선택 후 [열기]를 클릭합니다.

라즈베리 파이의 바탕화면으로 복사되었습니다.

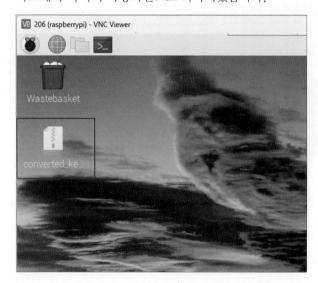

프로젝트 폴더인 /home/pi/myProjects/project_40 폴더로 드래그하여 이동합니다.

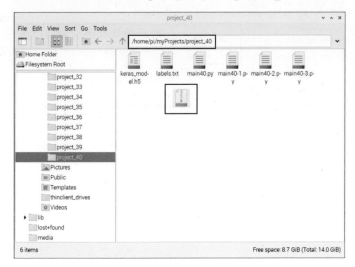

파일이 이동되었습니다.

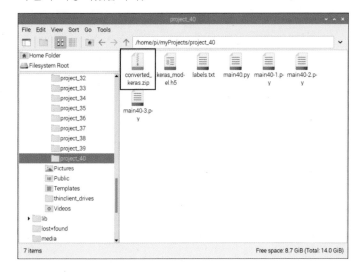

[원격을 이용할 경우]

다운로드 받은 파일을 복사합니다.

라즈베리 파이의 /home/pi/
myProjects/project_40 폴더에
Paste로 붙여넣습니다.

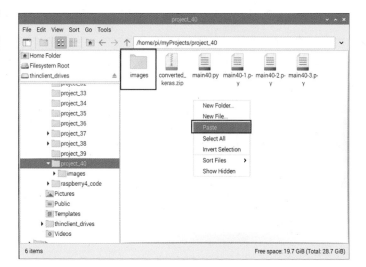

[converted_keras.zip] 파일에 마
우스 오른쪽을 클릭 후 [Extract
Here]를 클릭하여 압축을 풀어줍
니다.

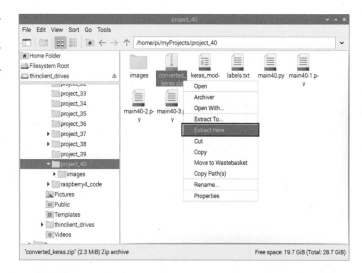

압축이 풀려 keras_model.h5 모
델파일이 labels.txt 라벨파일이
생성되었습니다.

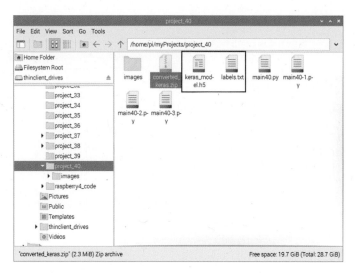

[라즈베리파이 코드 작성]

티처블머신에서 생성한 모델을 적용하여 영상을 입력받아 분류하는 코드를 작성합니다.

/home/pi/myProjects/project_40/main40-3.py

```
01    from keras.models import load_model
02    import cv2
03    import numpy as np
04
05    # Disable scientific notation for clarity
06    np.set_printoptions(suppress=True)
07
08    # Load the model
09    model = load_model("keras_model.h5", compile=False)
10
11    # Load the labels
12    class_names =open("labels.txt", "r").readlines()
13
14    # CAMERA can be 0 or 1 based on default camera of your computer
15    camera = cv2.VideoCapture(0)
16
17    while True:
18        # Grab the webcamera's image.
19        ret, image = camera.read()
20
21        # Resize the raw image into (224-height,224-width) pixels
22        image = cv2.resize(image, (224, 224), interpolation=cv2.INTER_AREA)
23
24        # Show the image in a window
25        cv2.imshow("Webcam Image", image)
26
27        # Make the image a numpy array and reshape it to the models input shape.
28        image = np.asarray(image, dtype=np.float32).reshape(1, 224, 224, 3)
29
30        # Normalize the image array
31        image = (image /127.5) -1
32
33        # Predicts the model
34        prediction = model.predict(image)
35        index = np.argmax(prediction)
36        class_name = class_names[index]
37        confidence_score = prediction[0][index]
38
39        # Print prediction and confidence score
40        print("Class:", class_name[2:], end=" ")
41        print("Confidence Score:", str(np.round(confidence_score *100))[:-2], "%")
42
43        if cv2.waitKey(1) &0xFF == ord('q'):
44            break
45
46    camera.release()
47    cv2.destroyAllWindows()
```

01~03 : 필요한 라이브러리 및 모듈을 가져옵니다.

05~06 : 넘파이 출력 형식을 과학적 표기법이 아닌 일반 형식으로 설정합니다.

08~09 : 사전 학습된 Keras 모델을 로드합니다. "keras_model.h5" 파일은 미리 학습된 모델의 가중치와 구조를 저장한 파일입니다. 'compile=False'를 사용하여 모델을 컴파일하지 않도록 설정합니다.

11~12 : 이미지 분류 모델에 대한 클래스 레이블을 로드합니다. "labels.txt" 파일에는 클래스 레이블이 저장되어 있습니다.

15 : 웹캠을 열기 위해 OpenCV의 VideoCapture를 사용합니다. '0'은 기본 카메라를 의미합니다. 다른 카메라를 사용하려면 숫자를 변경하실 수 있습니다.

17~44 : 무한 루프를 시작하여 웹캠에서 영상을 가져옵니다.

19 : 웹캠에서 프레임을 읽습니다.

22 : 원본 이미지 크기를 (224, 224) 픽셀로 변경합니다.

25 : 변경된 이미지를 "Webcam Image"라는 창에 표시합니다.

28 : 이미지를 넘파이 배열로 변환하고 모델의 입력 형태에 맞게 재구성합니다.

30 : 이미지를 정규화합니다.

34 : 모델을 사용하여 이미지를 예측하고 결과를 'prediction' 변수에 저장합니다.

35 : 예측 결과 중 가장 높은 확률의 클래스 인덱스를 찾습니다.

36 : 해당 클래스의 이름을 'class_name' 변수에 저장합니다.

37 : 예측의 확신도 점수를 'confidence_score' 변수에 저장합니다.

40~41 : 예측된 클래스와 확신도 점수를 출력합니다.

43 : 'q' 키를 누르면 무한 루프를 종료합니다.

46~47 : 웹캠을 해제하고 OpenCV 창을 모두 닫습니다.

[실행 결과]

[▶] 눌러 코드를 실행합니다. 이미지를 카메라에 보여준 다음 결과를 확인합니다.
버튼일 경우 button으로 잘 분류하였습니다.

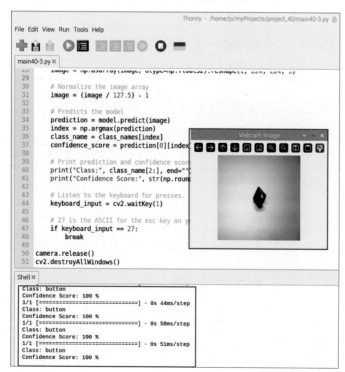

led일 경우 led로 잘 분류하였습니다.

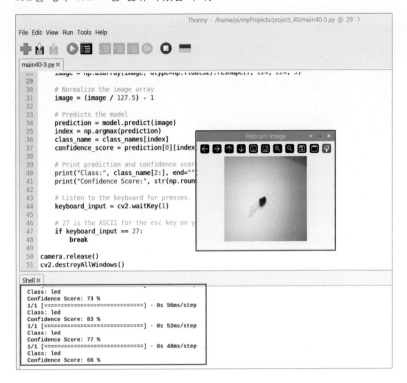

초음파센서의 경우 ultrasonic으로 잘 분류하였습니다.

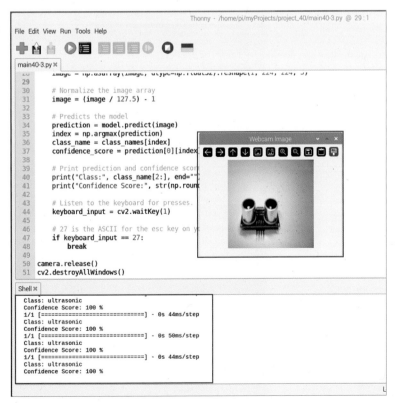